Chronisch gesund

von Andrea Peyrick &
Dr. Gerrit Keferstein

Über die Autoren

Andrea Peyrick

Andrea Peyrick ist Therapeutin für Psychoneuroimmunologie im Münsterland. Seit mehr als 20 Jahren unterstützt sie Menschen präventiv und therapeutisch auf ihrem Weg zu mehr Gesundheit, Wohlbefinden und Lebensenergie. Mit ihrer Vision – Gesundheit verstehen – zeigt sie ihren Patienten, wie die unterschiedlichen Systeme im Körper ursächlich miteinander interagieren. Sie ist spezialisiert auf die Schwerpunkte Darmgesundheit, Entzündung, Ernährung und Stressmedizin.

Dr. Gerrit Keferstein

Bevor er Arzt wurde, hat Dr. Gerrit Keferstein mehr als ein Jahrzehnt im Profisport als Coach gearbeitet und u.a. die Deutsche Eishockey Nationalmannschaft fit gemacht. Im Medizinstudium ist ihm aufgefallen, dass die meisten chronischen Erkrankungen, trotz der Vielfältigkeit ihrer Ausprägungen, sehr ähnlichen Ursachen unterliegen. Außerdem ist ihm aufgefallen, dass Naturvölker -bei gleicher Lebenserwartung- deutlich weniger chronische Erkrankungen haben als Menschen in Industrienationen. Aus diesen Erkenntnissen und den entsprechenden Konsequenzen daraus, ist das Feld der Regenerationsmedizin entstanden. Dazu gründete Dr. Gerrit Keferstein im Jahre 2020 das MOJO Institut für Regenerationsmedizin bei Bonn.

CHRONISCH **GESUND**

VON ANDREA PEYRICK &
DR. GERRIT KEFERSTEIN

Erste Auflage

Inhalte: Gerrit Keferstein, MOJO

Verlag: Bioflow Publishing ISBN 978-3-9819832-3-4

Autor: Andrea Peyrick, Gerrit Keferstein

Gestaltung: Ricarda Weßeling

Bibliografische Information der Deutschen Nationalbibliothek:

Die Deutsche Nationalbibliothek verzeichnet diese Publikation in der Deutschen Nationalbibliografie; detaillierte bibliografische Daten sind im Internet über dnb.dnb.de abrufbar.

Einleitung

„Wow, Steffi! Was ist denn mit dir passiert? Hast du abgenommen? Du siehst ja megagut aus!“ Steffi ist nicht mehr wieder zu erkennen. Sie strahlt richtige Lebensfreude aus.

Steffi freut sich über Christines Kompliment. Ihr geht es wirklich richtig gut. Dafür hatte sie in den letzten Wochen aber auch einige Dinge geändert.

Die beiden Freundinnen treffen sich heute zum ersten Mal seit dem Lockdown im Fitnessstudio wieder. Christine ist etwas mulmig zumute. Monatelang war es, durch den Lockdown bedingt, nicht möglich gewesen, im Fitnessstudio zu trainieren. Und jetzt kann es endlich wieder losgehen. Ob das wohl sicher ist? Auf der anderen Seite freut sie sich, endlich wieder mit dem Sport zu starten und ihre Freundin Steffi dort wieder zu treffen.

Vor dem Lockdown waren sie regelmäßig zweimal in der Woche ins Fitnessstudio gegangen. Durch die lange Pause fühlt Christine sich jetzt unfit. Die Zwangspause hat ihr nicht gutgetan und zugenommen hat sie wahrscheinlich auch. Zumindest sitzen ihre Hosen an den Beinen und im Bund strammer. Aber sie hatte sich während des Lockdowns einfach nicht aufraffen können, selbst was zu machen.

Doch auf Steffi scheint das nicht zuzutreffen. Sie sieht aus wie das blühende Leben. Als wäre sie in der Pandemie zehn Jahre jünger geworden. Zögerlich umarmen sich die beiden zur Begrüßung. „Steffi, du musst mir unbedingt erzählen, wie du das angestellt hast! Hast du eine Diät gemacht? Oder den ganzen Tag nur noch Sport?“ Christine blickt neugierig und bewundernd auf Steffi.

Steffi: „Das war leichter, als du jetzt denkst, Christine. Ich hab da ein Programm mitgemacht zur Verbesserung von Stoffwechsel und Immunsystem. Das war ganz individuell auf mich zugeschnitten, anhand meiner eigenen Laborwerte.“

Christine blickt fragend. Steffi erzählt weiter: „Die Idee dahinter ist recht simpel. Ich hab dadurch ganz gezielt meinen Lebensstil verändert. Dabei haben mir fünf Doktoren geholfen.“

„Wie, du warst dafür bei fünf Ärzten?“, hakt Christine skeptisch nach.

„Nein, natürlich nicht.“ Steffi lacht. „Ich nenne die nur so: Dr. Ernährung, Dr. Bewegung, Dr. Kälte, Dr. Atmung und Dr. Schlaf. Die fünf Ärzte des Lebensstils. Komm, während wir trainieren, erzähle ich dir alles!“

Die Pandemie und die Pandemie

„Weißt du, Christine, diese Pandemie ist ja eine verrückte Zeit. Man kann sich Sorgen machen, ärgern, aufregen, Dinge ungerecht finden oder auch Angst haben. Ich war zu Beginn der Pandemie in Kurzarbeit. So ging es ja vielen. Das fühlte sich unsicher und ungewiss an. Natürlich mussten wir auch auf das Finanzielle schauen. Aber dann habe ich irgendwann gedacht: Ich hab jetzt viel mehr Zeit als vorher! Und dann hab ich die Möglichkeit gesehen, mich endlich mal um mich selbst zu kümmern."

Über die letzten Jahre hatten sich bei Steffi kontinuierlich ein paar kleine Wehwehchen ins Leben geschlichen. Sie fühlte sich oft müde und angeschlagen. Morgens beim Aufstehen fühlte sich ihr ganzer Körper irgendwie steif an und ihre Gelenke schmerzten. Das liegt am Älterwerden, hatte sie immer gedacht. Und dann die alltäglichen Belastungen: Job, wenn auch nur halbtags, Haushalt, Pflege ihres kranken Vaters. Alles unter einen Hut kriegen. Die Kinder waren zum Glück schon aus dem Haus.

„Irgendwie war ich immer gestresst und abgehetzt, konnte schlecht schlafen. Ich musste ständig essen und fühlte mich aufgebläht. Wenn ich nicht alle drei Stunden gegessen habe, hab ich mich unterzuckert und gereizt gefühlt. Kennst du das Gefühl? Das ist doch nicht normal. Was war denn mit mir passiert?"

Christine hört aufmerksam zu. „Manchmal konnte ich nicht mal mehr klar denken, wie so ein Nebel im Gehirn. Als wäre mein Gedächtnis gestört. Und dann habe ich einen Entschluss gefasst: So wollte ich nicht weiterleben. Das musste doch irgendwie anders gehen. Ich habe angefangen, nach Lösungen zu suchen. Ich wollte mich wieder wohler fühlen in meiner Haut und lebendiger."

Christine nickt. Sie kann Steffi nur zu gut verstehen. Manchmal hat auch sie keine Energie und fühlt sich antriebslos. Und immer diese Verspannungen an den Schultern.

„Und was hat du dann gemacht?"

„Dann hab ich angefangen, mich zu informieren. Im Internet hab ich ganz viel gelesen. Da bin ich irgendwann auf den Begriff der Metaflammation gestoßen. Das hat zu tun mit kleinen Entzündungen im Körper und dem Stoffwechsel. Hast du davon schonmal gehört?", fragt Steffi.

Christine zieht die Stirn in Falten: „Nö, was soll das sein?"

„Also wenn ich es richtig verstanden hab, sind das minimale Entzündungen im Körper. Die haben hauptsächlich mit der Ernährung und dem Lebensstil zu tun. Also wie viel du dich bewegst, Sport machst, schläfst, wie viel Stress du hast. Ob du gut mit Mikronährstoffen, also zum Beispiel Vitaminen, versorgt bist. Dadurch wird der Energiestoffwechsel im Körper wohl total beeinflusst. Und diese minimalen Entzündungen zusammen mit einem gestörten Energiestoffwechsel nennt man dann Metaflammation."

Faktencheck - Metaflammation

Metaflammation: Wenn Energiestoffwechsel und Immunsystem krank sind.

Wenn der Stoffwechsel (METABOLISMUS) und das Immunsystem, welches chronische Entzündungen (INFLAMMATION) auslöst, gemeinsam krank werden, weil sie so eng verkoppelt sind, dann nennt sich das META-FLAMMATION.

Diese Metaflammation ist die Ursache vieler chronischer Erkrankungen. Die Metaflammation steht in Zusammenhang mit der Entstehung von kardiovaskulären Erkrankungen, Schlaganfällen, neurodegenerativen Erkrankungen (Parkinson & Alzheimer), Übergewicht, Diabetes Typ 2 und sogar Krebs. Es ist so etwas wie der kleinste gemeinsame Nenner. Natürlich ist es für jeden entscheidend, chronische Metaflammation zu vermeiden.

Die Metaflammation ist ein brandneues Forschungsfeld. Erst seit etwa 2017 zirkuliert der Begriff in der Forschung, nachdem die Harvard University eine wichtige Studie dazu publiziert hat. Heute gibt es inzwischen weltweit spezielle Forschungszentren. Die Universität Bonn hat auch gerade in 2020 einen neuen „Sonderforschungsbereich Metaflammation" eröffnet.

„Also bei meinem letzten Check-up beim Hausarzt war alles in Ordnung. Außerdem ernähre ich mich doch ausgewogen, mit viel Vollkornprodukten“, entgegnet Christine.

„Christine, das ist es ja gerade. So eine niedriggradige Entzündung beginnt ganz unbemerkt und schleichend. Bei einer einfachen normalen Untersuchung beim Hausarzt kann man das gar nicht feststellen. Auch nicht in einem großen Blutbild, das sind ja nur so Standardwerte. Man fühlt sich irgendwie unwohl, schwach, energielos, eingeschränkt, gestresst oder depressiv, auf jeden Fall nicht nach voller Energie oder einfach richtig gut. Irgendwas schmerzt immer. Aber gleichzeitig ist man ja auch nicht ‘richtig’ krank.“

Christine hört fasziniert zu.

„Da kannst du dich eher an bestimmten Beschwerden orientieren. Meine Beschwerden wie Müdigkeit, Abgeschlagenheit, Steifheit morgens beim Aufstehen oder nach längerem Sitzen, meine Gelenkschmerzen oder dieses ständige Essen gehören auf jeden Fall dazu. Am Ende kann das zu

Erkrankungen wie Bluthochdruck, Übergewicht, hohen Blutfettwerten, Fett, besonders um den Bauch und Stoffwechselstörungen führen. Ich war deswegen ja schon öfter beim Arzt, aber der meinte nur, dass ich nix habe und kerngesund sei. Aber so richtig danach gefühlt habe ich mich ehrlich gesagt nicht."

Bei Übergewicht und Fett um den Bauch herum fühlt sich Christine ertappt. Sie blickt heimlich auf ihren Bauch herunter, der in der Pandemie etwas an Umfang dazu gewonnen hat. Sollte das etwa auch an dieser Metaflammation liegen, so wie Christine ihr es gerade erklärt hat?

Steffi fährt fort: „Und ausgewogen ernähren, ist ja auch so eine Sache. Das denken ja viele von sich. Das hab ich ja vor dem Programm von mir selbst auch gedacht. Aber was soll dieses Wort 'ausgewogen' denn eigentlich bedeuten?"

Christine nachdenklich: „Mmh, ja irgendwie abwechslungsreich, stelle ich mir darunter vor. Eine gute Mischung halt, aus Vollkornprodukten, Kartoffeln, Reis, Milchprodukten, Gemüse, nicht so viel Fleisch, Obst. Nicht so fettig und natürlich nicht zu viele Kalorien. Aber jetzt, wo du so fragst, eigentlich weiß ich darauf gar keine wirkliche Antwort, was ausgewogen bedeutet."

Steffi: „Christine, genau das meine ich ja. Es gibt gar keine konkrete Handhabe dafür, was das eigentlich ist. 'Nicht so viel Fleisch', wie viel soll das denn dann sein? Oder 'nicht so fettig', was heißt das? Immerhin braucht der Körper ja Fett, aber welches genau und wie viel? Alle Zellen enthalten Fett und auch fürs Gehirn ist das superwichtig. Bestimmte Fettsäuren, wie Omega 3, kann der Körper ja nicht selbst herstellen, die müssen mit der Nahrung aufgenommen werden. Und Eiweiß kann der Körper auch nicht selbst herstellen. Das muss auch ausreichend mit der Nahrung zugeführt werden, damit Prozesse im Körper optimal ablaufen können. Natürlich sollten es nicht zu viele Kalorien sein. Aber 'Essen' ist ja nicht nur Kalorien. Essen beeinflusst unsere gesamte Biologie. Hier müsste dringend ein Perspektivwechsel stattfinden. Ich hab das ja auch erst erkannt, nachdem ich selbst erlebt hab, wie sich gute Ernährung wirklich anfühlt. Nahrung sollte unsere Biologie optimal unterstützen, also spezifisch, beziehungsweise passend für den 'Menschen' sein. Sie sollte keine Entzündungen auslösen, wie zum Beispiel Zucker oder bestimmte Pflanzenöle. Nahrung sollte gutes Futter für unsere Darmbakterien sein. Da könnte ich dir jetzt noch so viele Beispiele nennen."

Christine fühlt sich etwas vor den Kopf gestoßen. Sie hat ihre Ernährung bisher immer als richtig empfunden. Aber auf der anderen Seite hat sie sich mit den Aspekten, die Steffi nennt, tatsächlich noch nicht auseinandergesetzt. Vielleicht ergab hier eine andere Sichtweise wirklich Sinn?

Steffi erzählt weiter: „In dem Zusammenhang hab ich natürlich auch total viel über Corona nachgelesen. Ich hab mich ja an den Lockdown gehalten, Abstand eingehalten, Maske getragen. Aber hast du dich mal gefragt, warum einige gar nicht an Corona erkranken, einige nur leicht und andere schwer? Das kann doch nicht alleine an dem Virus liegen, hab ich mir gedacht. Der Virus ist ja für alle der gleiche. Das muss doch dann auch mit der Person zu tun haben. Genauer gesagt mit dem Immunsystem der jeweiligen Person. Man hat ja immer wieder gehört, dass die meisten schwer Erkrankten mindestens eine Vorerkrankung hatten. Und dann bin ich auf einen wissenschaftlichen Artikel gestoßen, in dem beschrieben wird, welche Risikofaktoren es gibt. Also Risikofaktoren dafür, dass manche schlimmer an Corona erkranken. Und stell dir vor, das sind die gleichen Punkte wie bei der Metaflammation. Da wurden auch Bluthochdruck, Übergewicht, Diabetes, Störungen des Fettstoffwechsels oder Organfett genannt. Dann hab ich mir gedacht: Da treffen ja zwei Pandemien aufeinander. Die Pandemie der Viruserkrankung und die Pandemie der Metaflammation oder der Zivilisationserkrankungen sozusagen. Natürlich spielt bei den schweren Verläufen auch das Alter eine sehr entscheidende Rolle. Das Alter ist ja ein Risikofaktor, den man nicht ändern kann. Aber die anderen Risikofaktoren kann man beeinflussen."

So ähnliche Sachen hatte Christine auch schon gehört. Sie erinnert sich daran, dass selbst der Gesundheitsminister gesagt hatte, dass 30-40% der Deutschen zur Risikogruppe für Corona gehören.

Faktencheck - Risikogruppen

Aktuell gehören in Deutschland etwa 30 Millionen Menschen zur sogenannten „Risikogruppe". Das liegt daran, dass 30 Millionen Deutsche Störungen im Fettstoffwechsel, im Zuckerstoffwechsel, in der Energiebereitstellung sowie im Mikronährstoffhaushalt haben.

Das erhöht nicht nur das Risiko für schwere Verläufe von viralen Infektionen, sondern auch von chronischen Erkrankungen wie Diabetes, Herzinfarkt, Schlaganfälle, Demenz und Autoimmunerkrankungen. Denn das Immunsystem steht an der Schnittstelle zwischen der Pandemie der chronischen Erkrankungen und der viralen Infektionen.

Sowohl schwere Verläufe von COVID-19, als auch chronische Erkrankungen haben einen gemeinsamen Nenner, der sich durch Störungen im Fett- und Zuckerstoffwechsel, sowie Marker einer chronischen Entzündung auszeichnet.[1] Diese stoffwechselbedingte Entzündung, auch Metaflammation genannt, reduziert die Fähigkeit des Immunsystems, auf Infektionen zu reagieren. Gleichzeitig führt diese chronisch-entzündliche Immunaktivität zu chronisch-entzündlichen Schäden an Gefäßen, dem Nervensystem und anderen Geweben, was sich schlussendlich dann als chronische Erkrankung demaskiert.[2]

Das Schöne dabei: Die Stoffwechselstörungen kann man durch einen immunoptimierten Lebensstil innerhalb von nur einigen Wochen verbessern.

---

[1] Stefan, Norbert, Andreas L. Birkenfeld, and Matthias B. Schulze. 2021. „Global Pandemics Interconnected — Obesity, Impaired Metabolic Health and COVID-19." Nature Reviews Endocrinology 17(3):135–49.

[2] Hotamisligil, Gökhan S. 2017. „Inflammation, Metaflammation and Immunometabolic Disorders." Nature542(7640):177–85.

Steffi fährt fort: „Und dann hab ich mich echt geärgert. Hast du einmal in den Medien darüber was gehört? Also ich meine, was man dagegen tun kann, gegen diese Risikofaktoren. Ich jedenfalls nicht. Und dann werden auch noch die Fitnessstudios geschlossen, wo man was für seine Gesundheit tun kann. Und nachdem ich das gelesen hatte, hab ich mir auch Sorgen gemacht um meinen Dieter, mit seinem Übergewicht und Bluthochdruck. Es muss doch möglich sein, auch neben der Impfung zusätzlich etwas für sich und seine Gesundheit zu tun."

Christine hört begeistert zu. So hat sie das noch nie betrachtet. Aber es hört sich für sie logisch an. Wenn man es also schaffen könnte, die Risikofaktoren zu reduzieren oder sogar die Risikogruppe zu verlassen, hätte man gleich zwei Fliegen mit einer Klappe erledigt. Das Risiko schwer an Corona oder auch anderen Infektionen zu erkranken würde sinken und zugleich das Risiko für die anderen Zivilisationserkrankungen wie Übergewicht, Bluthochdruck, Herzinfarkt, Schlaganfall, Diabetes und Fettstoffwechselstörungen.

Alte Gene, neues Umfeld

„Steffi, das hört sich jetzt aber doch viel komplexer an, als ich dachte. Vorhin meintest du noch, es wäre leicht gewesen. Womit hast du denn jetzt angefangen?"

„Ich hab natürlich zuerst gedacht, wir müssen abnehmen, Dieter und ich. Dann hab ich mir im Internet alles Mögliche über Ernährung durchgelesen. Aber wenn man da einmal mit anfängt, nimmt das ja kein Ende mehr. Lowcarb, ketogen, vegan, vegetarisch, paleo, die Regeln der deutschen Gesellschaft für Ernährung. Jeder Experte empfiehlt dir da ja was anderes. Drei Mahlzeiten am Tag mit zwei Zwischenmahlzeiten, Intervallfasten, Heilfasten, da blickt doch keiner mehr durch. Das hat mich total verwirrt. Bis ich einmal abends zufällig mit Dieter eine Dokumentation über Naturvölker gesehen habe. Stell dir vor, die haben diese Zivilisationserkrankungen, so wie wir sie haben, fast gar nicht. Krass, oder?"

„Steffi, die haben bestimmt auch nicht so einen Stress wie wir. Die sind den ganzen Tag draußen und haben Zeit, brauchen nicht arbeiten, haben keine Sorgen. Das kann man doch gar nicht vergleichen. Außerdem werden die ja auch gar nicht so alt wie wir."

Steffi: „Die haben sogar eine ähnliche Lebenserwartung wie wir. Sterben dann aber eher an Infektionen, Naturgewalten oder Altersschwäche. Aber fast nicht an diesen Zivilisationserkrankungen."

Christine hakt nach: „Und was machen die dann besser als wir, dass die von den Zivilisationserkrankungen verschont bleiben?"

„Das Fazit aus der Dokumentation war, dass es vor allem um die Unterschiede im Ess- und Bewegungsverhalten geht. Die Naturvölker essen mehr Faserstoffe und viel weniger Stärke als wir, wie Brot, Kartoffeln, Nudeln oder Reis. Natürlich etwas abhängig davon, wo sie leben. Und Fertigprodukte oder Süßigkeiten wie bei uns im Supermarkt gibt es bei denen ja sowieso nicht. Und ein weiterer Punkt war, dass die Naturvölker sich viel mehr bewegen als wir. Ist ja auch logisch, die müssen ja jagen, sammeln, angeln, Wurzeln ausgraben. Nicht so wie wir, mal eben zum Schrank gehen und alles ist da. Die haben in der Dokumentation auch noch gesagt, dass wir heute in etwa noch die gleichen Gene haben, wie die Menschen in der Steinzeit. Und dass wir überhaupt nicht für so ein Essen im Überfluss gemacht sind. Das hat uns überzeugt, weil das so logisch ist. Diesen Nahrungsüberfluss, wie es ihn heute bei uns gibt, hat es ja niemals in der Entwicklung der Menschheit gegeben. Und dann haben wir gedacht, dass es Sinn machen könnte, sich daran zu orientieren, wie die Naturvölker es machen."

Faktencheck[3] - Wir können von Naturvölkern lernen, müssen aber kein Naturvolk werden!

Was sind eigentlich „Naturvölker"?

Als Naturvölker bezeichnet man Gruppierungen von Menschen, die einen sehr traditionellen Lebensstil führen, der (noch) nicht von Agrarkultur, Industrialisierung und/oder Digitalisierung geprägt ist. Viele der echten Naturvölker leben noch als Sammler & Jäger, einige betreiben ein wenig Landwirtschaft und Viehzucht (wie zum Beispiel die Massai).

Die am besten erforschten Naturvölker sind die San aus Namibia, die Aboriginals aus Australien, die Tsimane aus Bolivien, die Hadza aus Tansania, die nordamerikanischen Pima, sowie die südamerikanischen Yanomami. Weil diese Völker die gleiche Genetik haben wie industrialisierte Europäer, aber eine viel niedrigere Rate der chronischen Erkrankungen aufweisen, sind sie aus gesundheitlicher Sicht von großem Forschungsinteresse. Ein verbreiteter Mythos ist, dass diese Völker eine viel geringere Lebenserwartung haben. Dies ist allerdings nicht korrekt. Durch eine recht hohe Kindersterblichkeit ist die durchschnittliche Lebenserwartung niedrig, aber sobald ein Mensch dieser Völker das 15. Lebensjahr erreicht hat, wird er in der Regel ähnlich alt wie wir.

Blutfette (Cholesterin)

Naturvölker haben im Vergleich mit dem typischen Deutschen ausgesprochen gesunde Blutfette. Während die durchschnittlichen Werte für das „schlechte Cholesterin" (LDL) in Deutschland bei etwa 140mg/dl liegen, liegen die Naturvölker fast konstant (ohne Medikation) bei 50-70mg/dl. Auch das Gesamtcholesterin im Blut ist bei Naturvölkern mit etwa 130mg/dl deutlich niedriger als bei den Deutschen mit etwa 200mg/dl.

Blutzucker & Diabetes

Naturvölker haben ausgesprochen niedrige Raten an Insulinresistenz und Diabetes. Das liegt nicht daran, dass sie genetisch dafür keine Prädisposition haben. Ganz im Gegenteil. Sie entwickeln sehr schnell Diabetes und Blutzuckerregulationsstörungen, wenn sie in Kontakt mit westlicher Nahrung kommen. Diese bilden sich schnell wieder zurück, wenn sie ihren traditionellen Lebensstil leben.

Körperfett nimmt im Alter nicht zu

Untersuchungen an den Hadza haben gezeigt, dass sie im Alter nicht an Körperfett zunehmen. Sowohl der BMI, als auch die Körperfaltendicke sowie der prozentuale Körperfettanteil bleiben über die gesamte erwachsene Lebensdauer stabil.

Blutdruck

Untersuchungen an den Yanomami Indianern zeigten, dass auch der Blutdruck im Alter nicht zunimmt. Im Vergleich dazu zeigten die verwandten Yekwana, die bereits viele Angewohnheiten der Zivilisation übernommen hatten, einen ansteigenden Blutdruck im höheren Alter.

Erkrankungen

Diabetes, Herzerkrankungen, Autoimmunerkrankungen und sogar Krebs sind in Naturvölkern (trotz ähnlicher Lebenserwartung) fast gar nicht existent. In Naturvölkern sind nur unter 10% aller Sterbefälle bei Menschen über 60 auf eine dieser Ursachen zurückzuführen. Die meisten sterben an Infektionen, Naturgewalt oder Altersschwäche.

---

[3] Pontzer, H., B. M. Wood, and D. A. Raichlen. 2018. „Hunter-Gatherers as Models in Public Health." Obesity Reviews19(December)

Lebensstilunterschiede

Täglich viele Kilometer GEHEN. AKTIVES Sitzen (z.B. auf dem Boden).	BEWEGUNG	5000 Schritte pro Tag. selten bis nie INTENSIV. Viel SITZEN.
Sehr faserstoffreich, viele Proteine, wenig Stärke/Zucker.	ERNÄHRUNG	Wenige Faserstoffe, wenige Proteine, viel Stärke, Zucker.
10 Atemzüge pro Min. Akute Hypoxie. Chronische Normoxie.	ATMUNG	20 Atemzüge pro Minute und chronische Hypoxie.
Sehr regelmäßige intensive Temperaturschwankungen.	KÄLTE/HITZE	Immer konstante Temperatur durch Heizung und Kleidung.
Ausschließlich natürliches Licht (inkl. Feuer) und tiefer Schlaf.	SCHLAF	Viel künstliches Licht und leichter Schlaf.

Fit mit Hybridmotor

„Und dann habt ihr kein Brot, Kartoffeln, Nudeln und Reis mehr gegessen, oder wie muss ich mir das vorstellen?“ Christine runzelt die Stirn. „Wovon soll man denn dann satt werden?“

„Christine, das hat mit deinem Stoffwechsel zu tun, dass du denkst, du wirst dann nicht satt. Du musst dir das so vorstellen wie einen Hybridmotor. Dein Körper kann hauptsächlich Fett und Zucker verbrennen. Dadurch wird in deinen Zellen, genauer gesagt in deinen Mitochondrien, Energie produziert. Wenn du immer viel Zucker verbrennst - auch Brot, Nudeln und Reis zählen selbst als Vollkornprodukt für den Körper als Zucker - wirst du schlechter darin, Fett zu verbrennen. Besonders wenn man sich dann auch noch wenig bewegt. Und diese Zucker machen dich nur kurzzeitig satt. Unser Coach hat immer gesagt: Zucker verbrennt wie Papier. Es ist schnell angezündet und schnell verpufft. Und Fett verbrennt wie Briketts. Dauert etwas, bis sie brennen, dafür aber deutlich länger. Und man sollte beides können.“

„Steffi, welcher Coach?“, unterbricht Christine fragend und ein bisschen überrascht.

„Ach, hab ich das noch nicht erwähnt? Dieter und ich haben gemeinsam den Entschluss gefasst, uns um unsere Gesundheit zu kümmern und das selbst in die Hand zu nehmen. Ich für mein allgemeines Unwohlsein, die Müdigkeit und Steifigkeit und Dieter für sein Übergewicht. Wir wollten aber nicht einfach alleine was ausprobieren, sondern ganz gezielt. Und wir wollten auch einen Ansprechpartner haben, der uns alles erklären kann und bei dem wir nachfragen können. Im Internet bin ich auf dieses Programm gestoßen: Immunsignatur-Programm nennt es sich. Man lernt dort, seinen Stoffwechsel zu verbessern und gleichzeitig auch das Immunsystem. Daher kommen auch diese fünf Doktoren. Und es hat sich voll gelohnt, dass wir das gemacht haben. Stell dir vor, Dieter konnte endlich sein Übergewicht reduzieren und gemeinsam mit seinem Hausarzt konnte er sogar seine Blutdrucktabletten absetzen. Und bei mir hast du es ja schon selbst gesehen. Ich bin voller Energie, schlafe gut, diese Steifigkeit und Schmerzen sind weg. Und die lästigen Blähungen bin ich auch losgeworden! Ich fühl mich super.“

„Puh, ist das Training heute für mich anstrengend. Dir merkt man ja noch gar nichts an. Hast du überhaupt schon geschwitzt?“ Christine blickt anerkennend auf Steffi.

„Steffi, meinst du, dieses Programm ist auch was für mich?“ Christine ist mittlerweile überzeugt und angesteckt von dem was Steffi erzählt. Und wenn selbst Dieter das geschafft hatte, sollte sie es doch wohl auch schaffen. Es wäre schön sich wieder fitter zu fühlen und vielleicht sogar die Verspannungen loszuwerden. Und wenn sie Klaus, ihren Mann, vielleicht auch noch überzeugen könnte mitzumachen, umso besser.

„Klar, grundsätzlich ist das was für jeden. Habt ihr am Samstag schon was vor? Was hältst du davon, wenn ihr vorbeikommt? Dann kochen wir für euch, natürlich ein echtes Naturvölkeressen. Und ihr bekommt noch mehr Insiderwissen.“

„Ja, super gerne, das passt. Dann bis Samstag. Hoffentlich ist mein Muskelkater bis dahin wieder weg.“

K.O. aber glücklich vom Training machen sich die beiden auf den Weg nach Hause. Steffi voller Freude, ihre Freundin mit der Idee angesteckt zu haben, ebenfalls ihre Gesundheit selbst in die Hand zu nehmen. Christine voller Vorfreude auf Samstag, wenn sie noch mehr über die fünf Doktoren erfahren würde.

Auf dem Nachhauseweg überlegt sich Christine schon, wie sie Klaus überzeugen kann. Oder soll sie einfach gar nichts sagen und ihn überraschen? Sie entscheidet sich für Letzteres. Soll er ganz unvoreingenommen mitkommen und sich selbst ein Bild machen von Steffis und Dieters Programm und wie die beiden damit ihre Gesundheit verbessert haben.

Komm mach mit - jetzt!

Du hast jetzt schon lange genug gesessen und gelesen. Es wird Zeit für etwas Abwechslung. Im Laufe des Buches wirst du immer mal wieder auf die "Komm mach mit!"-Box treffen. Darin lernst du praktische kleine Übungen der fünf Doktoren des Lebensstils kennen. Du startest mit Dr. Bewegung.
Stelle dir einen Timer auf 60 Sekunden und gehe in eine halbe Kniebeuge.
Wippe leicht auf und ab, bis deine Beine richtig glühen!
Das versorgt dein Gehirn mit Laktat, mobilisiert Energie aus der Leber und dem Fettgewebe und sensibilisiert die Insulinrezeptoren in deinen Muskelzellen.
Ernsthaft! Auf gehts! Erst danach liest du weiter!

Als Steffi vom Training nach Hause kommt, findet sie Dieter in der Küche. Auf der Arbeitsplatte vor ihm liegen ein Stück Meerrettichknolle, eine Zwiebel, eine Kurkuma- sowie eine Ingwerknolle, eine rote Chilischote, Pfeffer, Knoblauch, dunkler Blütenhonig und Apfelessig.

„Ah, wie gut, du machst uns nochmal Nachschub von dem Immunbooster!“

Frag Dr. Ernährung - natürliches Antibiotikum

Dieser kleine Smoothie ist voller aktivierender Substanzen und weckt dein Immunsystem und deinen Geist auf.

Meerrettich

Ein sehr nährstoffreiches Wurzelgemüse. Es steckt voller Vitamin C und Antioxidantien, die unsere weißen Blutkörperchen unterstützen und enthält Sinigrin, ein natürliches Antibiotikum, welches im Labor auch schon Effekte gegen das COVID-Virus gezeigt hat.[1]

Rote Zwiebel

Quercetin ist ein Wirkstoff aus der rohen roten Zwiebel, der direkt die Virusprotease 3CLpro des neuen Coronavirus hemmt, wie kürzlich italienische Forschungen zeigen konnten. Außerdem sind Zwiebeln wichtige Nahrung für eine gesunde Darmflora.

Kurkuma

Der Wirkstoff Curcumin aus der Gelbwurzel (Kurkuma) hat eine antientzündliche Wirkung und kann Verklumpungen des Blutes vorbeugen.

Ingwer

Antimikrobiell, antiviral, antikanzerogen.

Chilischote

Antioxidativ, schmerzlindernd, stoffwechselanregend.

Pfeffer

Antibakteriell, entzündungshemmend, antioxidativ, verdauungs-anregend.

[1] Guijarro-Real, Carla, Mariola Plazas, Adrián Rodríguez-Burruezo, Jaime Prohens, and Ana Fita. 2021. "Potential In Vitro Inhibition of Selected Plant Extracts against SARS-CoV-2 Chymotripsin-Like Protease (3CLPro) Activity." Foods 10(7)

Knoblauch

Antibakteriell, antimykotisch, immunstimulierend, zellschützend.

Lokaler Honig

Antiseptisch, entzündungshemmend.

Naturbelassener Apfelessig

Antimikrobiell, antimykotisch.

„Einfach alles zusammen in einen Mixer werfen, gekühlt lagern und 5x/ Woche ein Schnapsglas davon trinken“, empfiehlt Dr. Ernährung.

„Ja, eben noch alles kleinschneiden, in den Mixer geben und fertig ist unser natürliches Antibiotikum. Wie war euer Training?“

„Also für Christine war´s ganz schön anstrengend. Sie hat ihr Training während der Schließung des Fitnessstudios ganz schön schleifen lassen und fast gar nichts mehr gemacht. Das hat man ihr deutlich angemerkt. Für mich war es an den Geräten jetzt wieder etwas ungewohnt, aber insgesamt lief es sehr gut. Das zwischenzeitliche Training zuhause hat sich voll ausgezahlt. Gut, dass Ben uns die alternativen Übungen für zuhause gezeigt hat. Ich hab ihr übrigens von unserem Programm erzählt. Sie war direkt begeistert. Ich glaube, für die beiden wäre das auch was. Ach, eigentlich ist das ja was für jeden. Ich habe die beiden für Samstagabend zu uns eingeladen. Ist doch schön, endlich mal wieder zusammenzusitzen. Ich dachte, mit einem schönen Gericht können wir sie langsam an die Inhalte und Tipps von Dr. Ernährung heranführen. Was meinst du? Was wollen wir für die beiden kochen?“

Da braucht Dieter nicht lange zu überlegen. Sein Lieblingsgericht ist momentan Lachs mit Wirsing, natürlich mit Knoblauch und Zwiebeln, Salz, Pfeffer, Kokosmilch und zum Schluss noch etwas geriebene Muskatnuss dazu.

„Wie wär´s mit meinem Lieblingsgericht?“, schlägt er munter vor.

„Ja, super Idee. Aber ich weiß jetzt schon, dass den beiden dann die Beilage fehlen wird.“ Steffi erinnert sich daran zurück, wie sie selbst vor ein paar Wochen begonnen hatten, ihre Ernährung umzustellen. Das war am Anfang nicht so einfach gewesen, die Beilagen wie Kartoffeln, Nudeln oder Reis zu reduzieren. „Dann werden sie Angst haben, dass sie nicht satt werden, nur von Lachs und Wirsing.“

„Kein Problem, wir machen noch ein Blech mit Ofengemüse dazu. Dann sind genug gute Faserstoffe dabei, von denen sie lange gesättigt bleiben“, antwortet Dieter unkompliziert wie immer. „Dann besorgen wir neben den anderen Sachen noch Rote Beete, Süßkartoffeln, Pastinaken, Möhren, frischen Thymian und Rosmarin.“

„Du bist ein Schatz, Dieter!“

Ofengemüse

Zutaten für 4 Personen

3 Rote Beete (je ca. 150 g)

1 Süßkartoffel

2-3 Pastinaken

4-5 Möhren

1 Zwiebel

8 Zweige Thymian

2 Zweige Rosmarin

6 EL Olivenöl

Salz, Pfeffer

Zubereitung

Den Backofen auf 180° vorheizen.

Rote Beete, Süßkartoffel, Pastinaken und Möhren schälen und klein schneiden.

Zwiebel schälen, halbieren und klein schneiden.

Kräuterzweige abbrausen, trocken schütteln und in Stücke schneiden.

Gemüse und Zwiebeln auf ein tiefes Backblech geben und mit Öl, Kräutern, Salz und Pfeffer kräftig würzen.

Im Ofen circa 30-40 Min. garen.

Lachs mit Wirsing

Zutaten für 2 Personen

1 mittelgroßer Wirsing

1 Zwiebel

1 Knoblauchzehe

4 EL Olivenöl

500 g Lachsfilet (ohne Haut)

1 Dose Kokosmilch (400ml)

Thymian

Muskatnuss

Salz, Pfeffer

Zubereitung

Wirsing putzen, dabei den harten Strunk entfernen.

Blätter in 3 cm große Stücke schneiden. Zwiebeln und Knoblauch kleinschneiden.

2 EL Öl in einer beschichteten Pfanne erhitzen. Lachs salzen und pfeffernund in heißem Öl rundum hellbraun anbraten.

2 EL Öl in die Pfanne geben, Wirsing und Zwiebeln darin anbraten. Mit Salz, Pfeffer und Thymian und Muskatnuss würzen.

Kokosmilch dazugeben und kurz aufkochen. So lange köcheln lassen, bis der Wirsing die gewünschte Konsistenz hat.

Lachs auf dem Wirsing anrichten.

Frag Dr. Ernährung - Kohlenhydrate

Im Gegensatz zu Eiweißen und bestimmten Fettsäuren, die für den Körper essenziell sind, (das heißt, dass sie mit der Nahrung aufgenommen werden müssen), sind Kohlenhydrate für den Körper nicht essenziell. Der Körper kann Kohlenhydrate selbst herstellen.

Menschen können viel kompensieren und können daher auch viele moderne Kohlenhydrate vertragen. Der Unterschied in der Kohlenhydratzufuhr zwischen modernen Industrienationen und Naturvölkern ist die Art der Kohlenhydrate. Die Naturvölker essen „alte", faserstoffreiche und stärkearme Kohlenhydrate. Damit sind Pflanzen gemeint, in denen die Kohlenhydrate zellulär vorliegen, sie werden erst langsam im Verdauungsprozess freigeben und führen daher nicht zu starken Blutzuckerschwankungen. Moderne Kohlenhydrate liegen meist azellulär, also außerhalb einer echten Pflanzenzelle vor. Das führt zu einer ganz anderen Stoffwechselaktivität.

„Alte"Kohlenhydrate

- *Möhren*
- *Pastinaken*
- *Rote Beete*
- *Petersilienwurzel*
- *Süßkartoffel*
- *Schwarzwurzeln*
- *Topinambur*

„Moderne" Kohlenhydrate

- *Industriezucker und alle Produkte daraus*
- *Limonaden*
- *Getreide (Mehl, Brot, Nudeln)*
- *Kartoffeln*
- *Reis*

Die neue Morgenroutine

Am Samstagmorgen stehen Steffi und Dieter gegen acht Uhr auf. In den letzten Wochen haben sie sich eine gemeinsame Morgenroutine für die Wochenenden angewöhnt. Direkt nach dem Aufstehen bewegen sie erstmal den ganzen Körper für fünf Minuten. Das haben sie von Ben, ihrem Coach. Der hat immer gesagt: „Motion is lotion. Bewegung schmiert die Gelenke und ist einer der besten Schlüssel hin zu einem gesunden Zellstoffwechsel. Alle Körperzellen samt Mitochondrien lieben Bewegung besonders auf nüchternen Magen." Danach fühlen sie sich immer viel frischer und der Tag kann starten.

Anschließend machen sie einen langen ausgedehnten Spaziergang im Wald, dabei bleiben sie weiter nüchtern. Je nachdem wie viel Zeit sie haben, sind sie zwischen ein bis zwei Stunden unterwegs. Sie lauschen dabei dem Rascheln der Blätter und dem Zwitschern der Vögel. Steffi ist sich sicher, dass diese Spaziergänge dazu beigetragen haben, dass sie sich jetzt nicht mehr so gestresst fühlt. Im Wald ist immer so eine herrliche Ruhe.

Als sie mit den langen Waldspaziergängen gestartet hatten, war es ihnen noch schwer gefallen, vorher nichts zu essen. Aber Ben hatte sie angesteckt. „Ihr müsst erleben, wie gut sich das anfühlt. So trainiert ihr euren Hybridmotor auf Fettverbrennung und senkt damit eure Metaflammation. Und es werden neue Mitochondrien gebildet." Jetzt konnten sie auch mal einen ganzen Tag ohne Essen auskommen und trotzdem fühlten sie sich voller Energie.

„Komm, lass uns nochmal ein Stück barfuß laufen. Gleich im Bach können wir die Füße ja wieder sauber machen." Sie hakt sich bei Dieter ein.

Frag Dr. Bewegung

Waldspaziergang (nüchtern)

Das japanische Landwirtschaftsministerium entwickelte gemeinsam mit Ärzten in den 1980er Jahren das Konzept des „Shinrin Yoku“, was auf Japanisch so viel wie „Waldbad“ bedeutet. Durch das Waldbad wird Stress reduziert und die ätherischen Öle der Pflanzen (die für diese ein Kommunikationsmittel sind) regen das Immunsystem an. Im besten Fall bekommt man noch ein paar Kratzer, dadurch wird das Immunsystem zusätzlich stimuliert. Untersuchungen konnten zeigen, dass regelmäßige Waldbäder die Anzahl der natürlichen Killerzellen um über 50% steigern konnten. Außerdem verringert sich chronischer Stress, Schmerzen werden weniger und das Nervensystem reguliert sich.

Die Extra-Herausforderung des nüchternen Spaziergangs führt zu einem Energiemangel in den Zellen, was molekulare Schalter umlegt, die die mitochondriale Biogenese fördern, also den Zellstoffwechsel auf Fettverbrennung und optimale Energieproduktion polen.

Auf dem Rückweg haben sie sich angewöhnt, ein paar Minuten mit den Füßen durch den kalten Bach zu laufen, an dem sie vorbeikommen. Die gute alte Kneipp-Methode. Ihre Oma wäre stolz auf sie. Hatte sie doch früher immer schon gesagt, dass sie nie mehr erkältet war, seitdem sie regelmäßig Wechselduschen machte. Wie recht sie damit gehabt hatte.

Komm mach mit - jetzt!

Geh nach draußen und such dir einen Bach oder See und laufe für circa fünf Minuten mit deinen Unterschenkeln durchs kalte Wasser. Alternativ steckst du deine Unterschenkel in einen Eimer mit kaltem Wasser oder duschst deine Unterschenkel kalt ab!

Ernsthaft! Auf gehts! Erst danach liest du weiter!

Diese morgendliche Wochenendroutine war die ideale Kombination aus Dr. Bewegung, Dr. Kälte und Dr. Ernährung. Nüchtern bleiben gehörte ja schließlich auch zu Dr. Ernährung dazu.

Wieder zuhause angekommen, machen sie sich ein kleines Frühstück. Beziehungsweise jetzt war es ja eher ein Spätstück. Omelett mit Champignons, Schinkenspeckwürfeln und Frühlingszwiebeln. Früher, bevor sie mit Ben das Programm gemacht hatten, war für sie ein Frühstück ohne Brot oder Brötchen nicht denkbar gewesen. Ben hatte vorgeschlagen, mal für vier Wochen Getreide ganz wegzulassen und einfach mal zu schauen, was passiert. Sie konnten ja nichts verlieren, sondern nur gewinnen. Das hat mit dem Darm und der Darmschleimhaut zu tun und der Darm hat wiederum mit dem Immunsystem zu tun und da besteht wieder ein Zusammenhang mit Entzündungen im Körper. Steffi hat davon voll profitiert. Seitdem ist der Blähbauch weg, ihr Bauch ist schön flach und sie fühlt sich morgens nicht mehr so steif. Sie war von den Veränderungen überrascht, schließlich wird Getreide als „gesund“ bezeichnet.

Anschließend erledigt sie die Hausarbeit und den Wocheneinkauf. Sie freuen sich schon auf den Besuch von Christine und Klaus am Abend.

Faktencheck Immunsystem - intakte Barrieren

Die gesunde Darmschleimhaut

Eine gesunde, intakte Schleimhautbarriere besteht aus dicht aneinandergereihten Zellen. Diese Zellen haben Transporter für Wasser und diverse Nährstoffe (Zucker, Salz, Mineralien, etc.), so dass wichtige Substanzen in den richtigen Mengen über die Barriere aufgenommen werden können und so in den Körper eingeschleust werden können. Zwischen den Zellen gibt es enge Abdichtungen (engl. „Tight Junctions"), die dafür sorgen, dass nichts zwischen den Zellen vorbeilaufen kann und so unkontrolliert unsere Blutbahn betritt. Oberhalb der Barriere gibt es das Mikrobiom, welches auch Immunfunktionen hat und eine dicke Schleimschicht, die eine schwer überwindbare Grenze für Viren und Bakterien darstellt. Direkt unter der gesunden Darmschleimhaut wartet das Immunsystem.

Die kranke Darmschleimhaut

Wenn die Darmschleimhaut durch Metaflammation geschädigt wird, dann verliert sie sowohl die Schleimschicht, zeigt gleichzeitig Veränderungen im Mikrobiom und die Tight Junctions gehen kaputt. Daher kann die Barriere nicht mehr gut filtern, was den Körper betritt und was draußen bleibt. Damit geht eine wichtige Immunbarriere verloren. Bei einer solch kranken Barriere sind die Immunzellen hinter der Barriere chronisch aktiver. Das ist deutlich energieaufwändiger und zieht eine chronische Immunaktivierung nach sich. Bei einer solch offenen Barriere können nämlich Substanzen des Darmmikrobioms, wie Bakteriengifte (die eigentlich im Darm bleiben sollten), aber auch Nahrungspartikel und Giftstoffe die Blutbahn betreten und dort das Immunsystem weiter reizen. Das erhöht das Risiko für virale Infekte,

Was der Darmbarriere schadet:

- *Bewegungsmangel*
- *chronischer Stress*
- *Alkohol*
- *Zucker*
- *das Pflanzenschutzmittel Glyphosat*
- *Getreide*
- *Nährstoffmängel*
- *Schlafmangel*

Was die Darmbarriere stärkt:

- *Cellulose (Pflanzenzellwände) von grünem Gemüse*
- *Pektin von Obstschalen z.B. Apfel*
- *Inulin (aus z.B. Topinambur, Schwarzwurzel, Artischocke, Pastinake)*
- *Fermentiertes z.B. Sauerkraut, Kimchi, eingelegte Gurken*
- *die Aminosäure L-Glutamin aus Fisch und Fleisch*
- *Omega-3 Fettsäuren*

„Ich sehe es dir an!"

Um Punkt 18 Uhr klingelt es bei Steffi und Dieter an der Tür. Dieter geht los, um die Tür zu öffnen. Gut gelaunt und mit einer Flasche Rotwein in der Hand stehen Christine und Klaus vor der Tür.

„Hallo Christine, hallo Klaus, lange nicht gesehen. Schön, dass ihr da seid", begrüßt Dieter die beiden. Steffi kommt aus der Küche dazu. „Kommt rein. Wie sieht´s aus? Eine Umarmung zur Begrüßung oder lieber nicht?"

„Na klar!", und schon hat Christine Steffi und Dieter einmal gedrückt. „Muss doch irgendwann mal wieder so werden wie früher!" Im Fitnessstudio war Christine ja noch zögerlich gewesen, mit der Umarmung. Aber jetzt versucht sie, nicht mehr so ängstlich zu sein.

„Also mir ist lieber ohne, ich will da gar kein Risiko eingehen", wehrt Klaus ab.

„Alles klar, dann kommt mal rein." Gemeinsam gehen sie ins Wohnzimmer.

„Also irgendwas ist bei euch anders", bemerkt Klaus fragend.

„Was meinst du?", Steffi hakt nach, „Alles sieht aus wie immer bei uns, keine neuen Möbel, nichts frisch gestrichen, alles steht an seinem gewohnten Platz."

„Nein, das meine ich gar nicht. Ich meine euch zwei. Ihr seht beide so frisch aus. Eure Augen sind so klar und leuchten richtig. Und abgenommen habt ihr auch, oder?"

Christine zwinkert Steffi zu. Auch Klaus entgeht die Veränderung seiner Freunde nicht.

„Ach das meinst du, hat Christine dir noch nichts erzählt?", fragt Steffi nach.

„Klaus, für dich auch ein Weizen wie immer?", ruft Dieter aus der Küche.

„Da sag ich nicht nein."

„Und Christine, was trinkst du?"

„Wenn ihr da habt, nehm ich gern ein Radler."

Klaus blickt fragend zwischen Steffi und Christine hin und her „Was meintest du gerade, Steffi? Was sollte Christine mir erzählt haben?"

„Ach, Dieter und ich, wir haben ein paar Dinge in unserem Alltag verändert. Ernährung umgestellt, bisschen mehr und anders bewegt. Und ein paar Atemübungen machen wir jetzt regelmäßig. Wir fühlen uns beide richtig wohl damit. Und sind so ein paar Wehwehchen, die sich über die Jahre eingeschlichen haben, losgeworden, genau wie überschüssige Kilos, wie dir ja nicht entgangen ist“, erklärt Steffi.

Faktencheck - „Ich sehe es dir an!“

Durch den disziplinierten Verzicht auf Kalorien nimmt man ab. Dazu braucht man Disziplin und eben Verzicht. Das Gewicht reduziert sich. Darüber ist sich die Wissenschaft einig. In der Theorie muss man dann also nur sein Leben lang Disziplin aufbringen, um schlank zu bleiben. Soweit die Theorie.

Aber: In der Praxis sieht das anders aus. Wenn man nämlich nur über Disziplin abnehmen möchte, dann geht das nicht lange gut. Der Jo-Jo-Effekt lauert. Disziplin kann NIEMAND sein Leben lang aufrecht erhalten. Außerdem senkt eine Ernährung, die auf Disziplin basiert („Diät“) oft die Lebensqualität, und man ist während einer solchen „Diät“ aufgrund des Energiemangels oft müde. An der Zellfunktion und damit der Zellvitalität ändert sich dadurch auch selten nachhaltig etwas.

Der bessere Weg ist es, durch eine Verbesserung der Nahrungsmittelqualität ohne Verzicht und Diät die Zellen und den Körper mit mehr wichtigen Nährstoffen zu versorgen. Das reduziert Entzündungen, verbessert die Energieproduktion der Zellen, und das Hungergefühl reguliert sich automatisch. Man hat mittelfristig automatisch weniger Hunger und die Kalorien reduzieren sich dadurch meist von allein. Durch die hohe Nährstoffdichte regenerieren die Zellen und die Gewebe, die Haut sieht vitaler aus, Wassereinlagerungen (Zeichen für Entzündung) verschwinden, Ränder unter den Augen verschwinden und die Augenlider werden voluminöser. Gewichtsverlust sieht man auf der Waage, echte Gesundung sieht man primär im Gesicht.

Übergewicht gibt es in dem Ausmaß wie heute erst seit den 1970ern. Bis dahin hat niemand Kalorien gezählt.

Klaus schaut beeindruckt auf Steffi und Dieter, der gerade mit den Getränken aus der Küche zurückkommen. Insgeheim würde er ja auch mal gerne was ändern, um sich fitter zu fühlen. Und sein Bauch könnte auch ein paar Zentimeter weniger vertragen. Aber dann gewinnt immer sein innerer Schweinehund und er bleibt in seiner Bequemlichkeit stecken. Es geht ihm ja auch nicht schlecht.

„Dann lasst uns erstmal anstoßen. Prost! Auf einen schönen Abend mit euch!“ Alle halten ihre Flaschen hoch und stoßen gemeinsam an.

„Steffi, hattest du auch so einen Muskelkater, nach unserem Training? Ich konnte mich zwei Tage nicht bewegen. Jetzt geht‘s allmählich wieder“, erkundigt sich Christine.

„Nicht wirklich, aber ich bin die Bewegung ja inzwischen gewohnt.“

Faktencheck Immunsystem - Muskelkater

Das Immunsystem ist nicht nur in der Abwehr von Keimen beteiligt, sondern hat auch eine entscheidende Rolle in der langfristigen Anpassung unseres Körpers. Ein gutes Beispiel dafür ist Muskelkater. Wenn wir unsere Muskeln intensiv belasten, wandert das Immunsystem in diesen Muskel und löst dort eine lokale Entzündung aus. Diese ist dann schmerzhaft und wir bezeichnen den Schmerz als Muskelkater. Die Entzündung sorgt dafür, dass schwache und alte Muskelzellen aussortiert werden und für neue kräftige Muskelzellen Platz geschaffen wird. Die Entzündung hat so einen Effekt, der mit einer Brandrodung vergleichbar ist. Diese Entzündung lockt auch Wachstumsfaktoren an, sodass dort auf dem brandgerodeten, fruchtbaren Boden neues Muskelgewebe wachsen kann.

So ist die Entzündung (INFLAMMATION) innerhalb eines Regenerations-zyklen ein elementarer Teil jeglicher anatomischer Anpassungsprozesse im Körper. Eine akute Entzündung leitet den Regenerationsprozess ein. Nach Auflösung der Entzündung (RESOLUTION) meistens nach drei bis vier Tagen, beginnt dann das neue Gewebewachstum und die Anpassung (ADAPTATION). So hilft uns das Immunsystem dabei, an Herausforderungen zu wachsen.

Wir bekommen nach Gartenarbeit erst schmerzende Hände und dann Hornhaut, nach muskulärer Arbeit bekommen wir erst Muskelkater und dann Muskeln. Wenn wir laufen waren, dann schmerzen erst unsere Gelenke und Sehnen und dann sind sie stärker als vorher. Danke Immunsystem!

„Das duftet aber schon gut aus eurer Küche!“ Klaus hält seine Nase in die Luft.

„Ja, das Essen dürfte so weit fertig sein. Setzt euch doch schonmal an den Tisch. Dann hole ich es.“ Steffi geht in die Küche, während die anderen sich an den Tisch setzen.

„Hat Steffi wieder ihre selbstgemachte Pasta gemacht, die ich so liebe?“, fragt Klaus bei Dieter nach.

„Ne, diesmal nicht. Warte noch einen Moment und lass dich überraschen. Diesmal gibt es was ganz anderes. Wir haben mein aktuelles Lieblingsgericht gekocht.“

Das wird dann bestimmt auch was Gutes sein, denkt sich Klaus. Denn er hat überhaupt keine Lust auf Experimente beim Essen.

Als Steffi mit den Tellern aus der Küche kommt, schaut Klaus bereits etwas skeptisch drein. Das bleibt bei Steffi natürlich nicht unbemerkt. Strahlend stellt sie die Teller auf den Tisch.

„Was ist das denn?“, fragt Klaus nach.

„Das ist Wirsing mit Lachs und Ofengemüse“, erklärt Dieter, „Mmmhhh, guten Appetit!“

„Guten Appetit!“, antworten alle.

„Christine und Steffi, zum Essen nehmt ihr bestimmt einen Wein, oder?“ Dieter kümmert sich um die Getränke.

„Hat wohl mit eurer Ernährungsumstellung zu tun, das Essen, oder?“ Pasta wäre Klaus lieber gewesen. Aber jetzt bleibt ihm ja nichts anderes übrig, als Dieters Lieblingsgericht zu probieren.

Christine ist hin und weg davon. „Ich find´s großartig, richtig lecker!“

„Das freut mich“, antwortet Steffi und zu Klaus gewandt: „Klaus, das Ofengemüse ist doch super, findest du nicht?“

„Steffi, wo wir gerade beim Essen sind, erzähl doch mal mehr über Dr. Ernährung.“ Christine kann ihre Neugier, endlich mehr über dieses Programm zu erfahren, nicht mehr zurückhalten.

„Wer ist denn Dr. Ernährung?“, fragt Klaus nach.

Steffi zu Klaus: „Das ist einer der fünf Doktoren aus unserem Programm. Die anderen sind Dr. Bewegung, Dr. Kälte, Dr. Atmung und Dr. Schlaf. In dem Programm geht es darum, Stoffwechsel und Immunsystem zu verbessern und damit Entzündungsprozesse im Körper zu minimieren. Die Idee ist recht simpel. Wenn das Immunsystem mit Entzündung abgelenkt ist, dann kann es uns nicht mehr so gut gegen Eindringlinge verteidigen. Zu jedem der fünf Doktoren gibt es ein paar Grundprinzipien. Bei Dr. Ernährung sind das viele Faserstoffe, also Gemüse, Pflanzen, Wurzeln, Knollen und wenig Stärke, also Zucker, Brot, Nudeln, Reis reduzieren. Eiweiß zu jedem Essen und Intervallfasten."

Frag Dr. Ernährung

Grundprinzipien

Bei Dr. Ernährung geht es uns darum, deine METABOLISCHE FLEXIBILITÄT zu optimieren, also die Fähigkeit deiner Organe, Energie frei im Körper hin- und her zu tauschen. Das optimiert die Immunfunktion. Außerdem haben alle Methoden von Dr. Ernährung den Effekt, dass die Mitochondrienfunktion in deinen Zellen und damit die Fähigkeit, Energie zu produzieren, gesteigert wird. Entzündungen reduzieren sich. Das Mikrobiom verbessert sich. Insgesamt verbessern sich so Stoffwechsel und das Immunsystem wird optimiert.

Proteine zu jeder Mahlzeit

Proteine sind der wichtigste Baustoff für dein Immunsystem. Eine möglichst variantenreiche Proteinversorgung erhöht deine Lebensenergie und die Funktion deines Immunsystems.

Viele Faserstoffe, wenig Stärke

Einer der zentralen Unterschiede zwischen unserer modernen Ernährung und der Ernährung von Naturvölkern ist der deutlich höhere Anteil an Einfachzuckern (Glukose, Fruktose, Dextrose, Sucrose) und Komplexzuckern (Stärke) in unserer modernen Ernährung und der deutlich niedrigere Anteil an unverdaulichem Pflanzenmaterial (Faserstoffe). Diese Faserstoffe sind wichtige Nährstoffe für unser Mikrobiom und somit maßgeblich an der Immunregulation beteiligt.

Intervallfasten (mit Bewegung)

Fasten sorgt dafür, dass deine Zellen nicht überfordert werden und eine bessere Energiebereitstellung in der Zelle entsteht. Je mehr Energie deine Zellen produzieren, desto besser funktioniert auch dein Immunsystem.

Außerdem wird beim Fasten der Selbstreinigungsprozess der Zelle ausgelöst, der fehlerhafte oder nicht mehr benötigte Zellbestandteile abbaut und verwertet, bevor das Immunsystem in Form von Zellentzündung eingreifen muss.

„Gibt es noch was von dem Ofengemüse? Dann würde ich noch einen Nachschlag nehmen." Insgeheim muss Klaus sich eingestehen, dass ihm das Essen eigentlich ganz gut schmeckt. Das Ofengemüse kann er sich durchaus öfter vorstellen.

Dieter: „Also ich bin ja immer ein Freund davon, Dinge einfach zu halten. Früher, also so wie bei den Naturvölkern heute noch, war Ernährung ja immer einfach. Die haben das gegessen, was die Natur für sie bereitgehalten hat und was sie auf der Jagd erlegen oder fischen konnten. Erst in unserer modernen Welt ist Ernährung ja so kompliziert geworden. Und erst in unserer modernen Welt, etwa in den letzten 50 Jahren, in denen sich die Nahrungsmittelindustrie so rasant weiterentwickelt hat, steigen ja auch die chronischen Erkrankungen und das Übergewicht an. Ich merke mir einfach: Alles vermeiden, was eine Zutatenliste hat. Wenn man das berücksichtigt, ist man beim Thema Ernährung schon ganz weit vorne."

Das hörte sich auch für Klaus recht plausibel an. Aber keine Pasta oder Brot mehr essen? Damit konnte er sich noch nicht anfreunden.

Christine zu Steffi gewandt: „Und als Eiweißquellen dann immer sowas wie Fleisch, Geflügel, Fisch, Eier, Nüsse zum Essen dazu? Oder auch mal Quark oder Joghurt? Und was frühstückt ihr dann?"

„An den Tagen, an denen wir das Intervallfasten machen, frühstücken wir gar nicht. Dann gibt´s morgens ein großes Glas Keinpirinha", erklärt Steffi.

„Ach komm, jetzt hör aber auf. Ihr trinkt doch dann nicht schon morgens Alkohol?!", fragt Christine ungläubig.

Steffi lacht „Nein, nein. Ein KEINPIRINHA, Christine. Ein großes Glas Wasser mit einem Schuss Apfelessig, Himalaya Steinsalz, einer ausgedrückten Zitrone oder Limette und einem Schuss Pfeffer zum Start in den Tag."

„Apropos Alkohol, jemand einen Kräuterlikör nach dem Essen?" Dieter kümmert sich wieder um die Getränke. „Sonst noch alle versorgt mit Wein und Bier?"

Klaus: „Für mich noch ein Weizen, Dieter."

Dieter füllt die Pinnchen und alle stoßen mit dem Kräuterlikör an.

Klaus: „Also ohne Frühstück kann ich nicht aus dem Haus gehen. Da fühle ich mich kurze Zeit später unterzuckert und meine Laune ist im Keller. Konzentrieren kann ich mich dann auch nicht."

„Ja, das ging uns am Anfang genauso. Ben, unser Coach, hat uns das so erklärt: Wenn man das Gefühl hat, man ist unterzuckert, ist das vor allem eine Energiekrise im Gehirn. Das Gehirn bekommt in dem Moment zu wenig Energie aus dem Körper, obwohl eigentlich genug Energie da ist. Das nennt sich dann Neuroglykopenie. Das hat nichts damit zu tun, dass im Körper zu wenig Energie ist, sondern dass die Energie nicht gut verteilt wird und der

Körper metabolisch nicht flexibel ist. Die Energie kommt nur im Gehirn nicht an. Ein Notfallmechanismus, um Energie zu mobilisieren, ist die automatische Aktivierung der Stressachse. Deshalb wird man so ungemütlich, wenn man metabolisch unflexibel ist und länger nichts gegessen hat. Man sagt ja auch: 'Du bist nicht du, wenn du hungrig bist'. Genauer gesagt gilt das nur für metabolisch unflexible Stoffwechsel, denn ein metabolisch flexibler Stoffwechsel versorgt das Gehirn mit Energie aus dem Fettgewebe und 'unterzuckert' nicht. Man braucht dazu ein bisschen Zeit, sich daran zu gewöhnen und metabolisch wieder flexibel zu werden. Das Gehirn will Energie, und wir haben den Fehler gemacht, bei jedem kleinsten Hunger sofort zu essen. Dadurch verliert man an metabolischer Flexibilität. Wenn man allerdings nicht sofort bei jedem kleinen Hunger isst, dann lernt der Körper, wieder Energie aus Leber und Fettgewebe zu mobilisieren. Und irgendwann legt sich der Schalter um, und es läuft wie von allein. Man ist voller Energie", erklärt Dieter an Klaus gewandt.

„Und wie genau macht ihr das mit dem intermittierenden Fasten?" Christine hakt nochmal bei Steffi nach.

„Angefangen haben wir damit, ganz langsam, von Tag zu Tag, das Zeitfenster zum Essen zu verkleinern. Jetzt sind wir bei 16 Stunden fasten, die Nacht mitgerechnet und 8 Stunden, in denen wir zwei Mahlzeiten essen. Du kannst das aber auch anders machen. Zum Beispiel an zwei Tagen in der Woche nur einmal essen und an den anderen Tagen in der Woche dreimal. Hauptsache die Zellen bekommen den Reiz, dass sie sich anpassen müssen. Man muss es nicht sehr kompliziert machen."

Klaus kann sich das immer noch nicht richtig vorstellen. Aber Christine geht in Gedanken schon durch, wie sie es für sich anstellen will.

„Und was ist jetzt mit den anderen Doktoren? Was habt ihr da gemacht?" Christines Neugier ist noch nicht gestillt. „Steffi, gib mir noch einen Tipp für Bewegung, bevor wir nach Hause fahren. Dann kann ich direkt morgen damit starten.

Erst jagen, dann fressen

„Mmm, also dann starte doch mal damit, dich vor jedem Essen für fünf Minuten intensiv zu bewegen. Was dir einfällt, Kniebeugen, Liegestütze, Hampelmänner, Treppe hochrennen. Nach dem Motto erst jagen, dann fressen. Wie die Naturvölker es machen müssen. Dadurch erhöhst du die Nachfrage nach Energie in deinen Zellen und ein Energiestau an deinen Zellen wird verhindert", erklärt Steffi.

„Oder ihr macht an den Wochenenden lange Spaziergänge, so wie wir es uns jetzt angewöhnt haben. Ohne vorher zu essen natürlich", fügt Dieter hinzu.

Dann kommt es also darauf an, mehr Bewegung in den Alltag zu bringen, denkt Christine bei sich, und das jeden Tag. Zusätzlich zum Training im Fitnessstudio. Jetzt, wo sie darüber nachdenkt: Im Büro sitzt sie ja doch die überwiegende Zeit. Und die Lockdowns und Homeoffice haben das für viele Menschen nicht besser gemacht. Es kommt ihr alles so logisch und einfach umsetzbar vor und sie fasst einen Entschluss.

„Du Steffi, kannst du mir mal die Nummer von diesem Ben geben. Ich glaub, ich möchte auch bei diesem Programm einsteigen. Was ist mit dir Klaus?"

„Das hört sich für mich ganz schön nach Arbeit an. Ich weiß gar nicht, wie ich das in meinen Alltag integrieren soll. Und so schlecht ist unsere Ernährung ja auch nicht, oder? Ich glaub, das ist nichts für mich", grummelt Klaus.

„Ach, schön Christine. Du kannst dabei wirklich nur profitieren. Hier ist seine Nummer."

So vergeht die Zeit und allmählich machen sich Christine und Klaus leicht beschwipst und glücklich wieder zurück auf den Heimweg. Das war ein schöner Abend für alle. Endlich wieder mit Freunden zusammensitzen. Wie hatten sie das alle vermisst.

Beim Rausgehen nimmt Christine Steffi noch kurz zur Seite. „Steffi, jetzt verrate mir nur noch eins: Deine Haut sieht so frisch und zart aus. Hast du auch eine neue Gesichtscreme?"

Steffi muss schmunzeln. „Christine, du wirst es mir nicht glauben. Aber das ist ein positiver Nebeneffekt. Bessere Darmgesundheit, weniger Entzündungen im Körper, mehr Mikronährstoffe. Das ist für alle Zellen wie eine Verjüngungskur."

„Tschüss ihr zwei und bis zum nächsten Mal!", verabschieden sie sich.

Frag Dr. Bewegung

Grundprinzipien

Die Methoden von Dr. Bewegung sind aufgeteilt in zwei Bereiche. Der eine Bereich spricht die Fähigkeit der Zelle an, unter der Zuhilfenahme von Sauerstoff Energie bereitzustellen. Der andere Bereich von Dr. Bewegung aktiviert Stoffwechselpfade, die evolutionär sehr viel älter sind. Dabei wird Laktat ausgeschüttet, Säure wird produziert und das Stresssystem wird aktiviert. Beides sind wichtige Reize, haben aber unterschiedliche Effekte.

Alle Methoden von Dr. Bewegung führen zu einer Ausschüttung von MYOKINEN. Das sind immunaktivierende Substanzen, die von Muskeln produziert und ausgeschüttet werden. Seit der Entdeckung der MYOKINE wissen wir, dass Muskeln stoffwechselaktive Organe sind ähnlich wie eine Drüse. Mit Dr. Bewegung nutzen wir diese Hormondrüse.

Starte den Tag mit Bewegung

Bewegung ist einer der Schlüssel hin zu einem gesunden Zellstoffwechsel. Deine Zellen samt Mitochondrien lieben Bewegung auf nüchternen Magen. Drum nutze den Moment nach dem Aufstehen und starte jeden Tag mit Bewegung. Einfach Beugen und Strecken. Lass es zu einem Ritual werden und starte jeden Tag mit einer fünfminütigen Morgenroutine.

Lange, langsame Bewegung (nüchtern)

Es wäre evolutionär ein großer Nachteil gewesen, wenn wir zuerst hätten essen müssen, um uns dann bewegen zu können. Für eine optimale Funktion all unserer Zellen ist es auch heute noch entscheidend, dass wir uns erst bewegen und dann essen. Durch Bewegung wird eine Nachfrage nach mehr Energie in der Zelle erzeugt und ein Stau in der Energieproduktion verhindert. Je mehr Energie unsere Zellen produzieren, desto besser funktioniert auch unser Immunsystem. Und je weniger Stau wir bei der Energieproduktion in der Zelle haben, desto weniger ist unser Immunsystem damit beschäftigt, diesen zu beseitigen, und kann sich anderen wichtigen Aufgaben, wie der Bekämpfung einer Infektion mit Viren, widmen. Dieses Prinzip trainiert das so genannte „aerobe Energiesystem“. Dazu muss die Belastung leicht bis mittelschwer, aber sehr lange (mehr als sechs Stunden pro Woche) sein, z.B. Fahrradtouren, Wanderungen, Gartenarbeit.

Kurze, intensive Bewegung

Alle Zellen brauchen Herausforderungen und akuten Stress in Form von Bewegung, um besser zu werden. Alles, was du nicht nutzt, verlierst du. Benutzt du deine Muskeln nicht, verlierst du sie. Sie regelmäßig zu nutzen ist deswegen interessant, weil ein Teil unseres Immunsystems in unseren Muskeln lebt, weshalb sie auch als die Apotheke unseres Körpers bezeichnet werden. Benutzt du deine Lunge und dein Herz nicht, werden sie schwächer. Sie werden schlechter darin, Sauerstoff in unsere Zellen zu bringen, den wir für die Energieproduktion benötigen und somit auch für ein gutes Immunsystem.

Das alles bedeutet aber nicht, dass Bewegung kompliziert sein muss. Beweg dich regelmäßig, abwechslungsreich, natürlich und vor allem so, wie es dir Spaß macht. Die einzige falsche Bewegung ist es, sich nicht zu bewegen. Bring dich außer Atem, deine Muskeln zum Brennen und lass dein Herz schneller schlagen.

Die kurze, intensive Bewegung trainiert dein anaerobes Energiesystem. Diese Belastungen solltest du pro Woche zwei bis dreimal machen und dabei jeweils 20-40 Minuten Belastung haben.

Hormesis - Biologie verschleißt nicht

Am nächsten Tag hält Christine es kaum noch aus.

„Klaus, was hältst du denn jetzt von diesem Programm? Ich möchte das gerne machen. Vielleicht bin ich dann auch nicht mehr so müde. Und vielleicht werde ich dann endlich mal diese schmerzhaften Verspannungen an den Schultern los, bei denen mir noch keiner helfen konnte. Die Physiotherapie tut zwar immer gut, aber nach zwei Tagen ist alles wieder beim Alten. Die Lösung scheint das also nicht zu sein. Vielleicht stimmt ja was mit dem Energiestoffwechsel in meiner Muskulatur nicht. Und auf der anderen Seite möchte ich jetzt in der Pandemie auch raus aus dieser Passivität und aktiv etwas für mein Immunsystem tun. Ich möchte mehr über das Immunsystem erfahren und verstehen, was ich selbst machen kann, um mein eigenes Risiko zu senken. Wenn ich diesen Ben anrufe, willst du dann auch mitmachen?“

Klaus hat sich auch schon seine eigenen Gedanken gemacht, kann sich aber noch nicht dazu entschließen, ebenfalls mitzumachen.

„Christine, ich unterstütze dich gerne dabei. Aber für mich ist das erstmal nichts.“

Christine nimmt das Telefon und wählt Bens Nummer.

„Institut für Lebensstilmedizin, Sie sprechen mit Ben Meyer“, meldet sich eine Stimme.

„Hallo Herr Meyer, hier ist Christine Schulz. Ich interessiere mich für dieses Immunsignatur-Programm, das sie anbieten. Meine Freundin Steffi hat Sie empfohlen. Sie hat mir schon ein paar Sachen erzählt über Ernährung und Bewegung. Wie genau muss ich mir das vorstellen?“

„Hallo Frau Schulz, schön, dass Sie etwas für ihre Gesundheit machen möchten. Da Sie ja schon einige Infos von Ihrer Freundin haben, noch von meiner Seite ein kurzer Einblick. Ich begleite Sie dann dabei mit Hilfe eines evidenzbasierten Systems und einer systematischen, individualisierten Diagnostik Veränderungen anzugehen, bei denen es um die Optimierung von Ihrem Stoffwechsel und damit auch der Immunfunktion geht. Das wird erreicht durch hormetische Methoden aus den Bereichen Ernährung, Bewegung, Atmung, Kälte und Schlaf. Dadurch werden die Zellen und Organe des Körpers wieder aufgeweckt und aktiviert.“

Faktencheck Hormesis

Hormesis beschreibt die Anpassung von biologischen Lebensformen an seine Herausforderungen.

Die wunderbare Fähigkeit von biologischen Lebewesen auf Herausforderung mit WACHSTUM zu reagieren, ist das, was LEBENDIGES so besonders macht. Diesen Prozess nennt man HORMESIS. Alles, was diese Herausforderung für die HORMESIS darstellt, nennt man einen HORMETISCHEN REIZ.

Ein hormetischer Reiz macht das biologische System für einen kurzen Zeitraum schlechter, dann schläft man eine Nacht drüber, und wacht am nächsten Morgen BESSER und GESÜNDER auf.

Ein System, das HORMESE verliert (aufgrund von fehlenden Herausforderungen und/oder fehlenden Ressourcen), das verliert an Lebendigkeit. Wenn man sich selber dabei erwischt, dann sagt man dazu auch gerne „Ich FUNKTIONIERE nur noch“, denn FUNKTIONALITÄT ist eine Eigenschaft von mechanischen Systemen und nicht von lebendigen, biologischen Systemen. Ein biologisches System LEBT. Ein mechanisches System FUNKTIONIERT. Nur Mechanik kann verschleißen. Biologie passt sich an. Entweder regeneriert sie, oder sie degeneriert.

Seitdem René Descartes im 17. Jahrhundert die Medizin durchmechanisiert hat, sind wir Menschen sehr viel besser darin geworden MECHANISCHE Probleme im Menschen zu lösen (Knochenbrüche, Darm- oder Herzverstopfungen, etc.), aber wir haben gleichzeitig die wunderbare Wissenschaft der HORMESIS etwas aus den Augen verloren, die uns dabei hilft von Degeneration in die Regeneration zu kommen. Und das fehlt uns besonders in der Prävention und Behandlung von chronischen Erkrankungen. Deswegen sagen wir (die Autoren) dazu: „Merci, René!“, aber eine neue Zeit bricht an!

„Das hört sich gut an“, antwortet Christine. „Genau das möchte ich.“

„Dann bräuchten wir für Ihren ersten Termin Ihre Blutwerte, mit denen ich Ihre individuellen Risikofaktoren einschätzen kann und die ich für die Software benötige. Damit erhalten Sie dann ein individuelles Praxisprogramm. Die Werte können Sie bei Ihrem Hausarzt bestimmen lassen. Wir bräuchten die Triglyceride, Nüchternblutzucker, HbA1c, das ist der Langzeitblutzucker, Gesamtcholesterin und HDL-Cholesterin. Für Ihren Hausarzt schicke ich ihnen dann noch ein Infoblatt per E-Mail zu, dann kann er noch ärztliche Diagnosen eintragen und für mich ist zudem wichtig, ob wir irgendwelche Dinge nicht machen dürfen. Und dann bekommen Sie von mir noch den Zugangscode für das Onlineportal, wo ich wichtige Informationen zum Immunsystem, Metaflammation, Stoffwechsel und Insulinresistenz zusammengefasst habe. Dann können Sie da schon mal was nachlesen.“

Christine notiert sich die erforderlichen Blutwerte und sie vereinbaren einen ersten Termin in zwei Wochen.

Danach gibt sie direkt den Zugangscode für das Onlineportal ein und beginnt zu lesen. Sie startet mit dem Immunsystem.

Das Immunsystem kennenlernen

Faktencheck Immunsystem - mehr als nur Antikörper

Barrieren

Wir kommen mit einem Immunsystem zur Welt, das mit dem Gröbsten schon super umgehen kann. Unsere Barrieren wie unsere Haut und unsere Schleimhäute sind voll ausgereift, wenn wir zur Welt kommen. Das ist der wichtigste Schutz um unser „Selbst" vor dem „Nicht-Selbst" abzuschirmen. Dazu gehören die Haut, die Darmschleimhaut und die Lungenhäute. Unsere (Schleim-)Haut ist auch von Geburt an mit wichtigen Immunfaktoren ausgestattet. Dazu gehört zum Beispiel das Laktoferrin (was wir in großen Mengen über die Muttermilch aufnehmen) und unsere Magensäure, die auch sehr stark antibakteriell und antiviral wirkt.

In und um die Schleimhäute herum leben zahlreiche Fresszellen, die unsere Grenzen bewachen. In einem gesunden Menschen macht dieses so genannte Schleimhautimmunsystem bis zu 80% aller Immunzellen aus.

An diesen Schleimhäuten inklusive der darin lebenden Fresszellen müssen also erstmal alle Erreger, wie Viren oder Bakterien vorbeikommen, wenn sie in den Körper eindringen wollen. Eine intakte Schleimhaut stellt also immer die erste Verteidigungslinie gegen Erreger von außen dar.

Immunreflexe

Zusätzlich sind wir mit einem guten Satz von angeborenen Immunreflexen ausgestattet. Zum Beispiel Niesen und Husten wir, wenn etwas unsere Lungen betritt und unsere Nase läuft, unsere Augen tränen/wir blinzeln, wenn etwas die Schleimhäute oder unsere Augen gefährdet. Auch das ist Teil unseres angeborenen Immunsystems.

Fresszellen

Es gibt unterschiedliche Fresszellen, die circa 70% aller weißen Blutkörperchen ausmachen. Du kannst sie dir ganz einfach vorstellen wie PAC-MAN. Sie wandern durch die Gewebe unseres Körpers und suchen Pathogene, die sie auffressen können. Wenn sie Gefahr wittern, können sie zusätzlich Substanzen ausschütten, die weitere Fresszellen zur Unterstützung anlocken.

B-Zellen und Antikörper

B-Zellen und Antikörper wirken spezifischer als die Barrieren und Fresszellen, die einen universellen Schutz bieten. Diese spezielle Immunität ist in der Lage, einzelne Mikroorganismen zu identifizieren und Antikörper gegen diese auszubilden. Wenn dieser Teil des Immunsystems einmal in Kontakt mit diesem Erreger war (durch Impfung oder vorherige Infektion), dann ist es besonders gut in der Lage, diesen Erreger bei nochmaligem Kontakt auszuschalten. Der Nachteil dieser speziellen Immunität im Vergleich zur universellen Immunität ist, dass sie nicht so gut auf Mutationen und neuen Virusvarianten eingehen kann wie die universelle Immunität.

Was Christine über das Immunsystem liest, beeindruckt sie sehr. Ihr war vorher nicht bewusst, dass die Barrieren wie die Schleimhäute von Lunge und Darm schon so eine wichtige Funktion haben als erste Verteidigungslinie gegen alles, was von außen eindringen kann. Hier können also schon jede Menge Eindringlinge abgefangen werden. Und auch die Fresszellen scheinen ja superwichtig zu sein. Sie liest weiter.

Faktencheck Immunsystem - früh, präzise, selbstlimitierend

Damit das Immunsystem optimal funktioniert, braucht es drei Fähigkeiten:

1. *Eine frühe und entschlossene Reaktion*
2. *Ein präzises Vorgehen*
3. *Eine Selbstlimitierung (Keine Überreaktion)*

Frühe und entschlossene Reaktion

Eine der ersten Aktivitäten eines gut funktionierenden Immunsystems im Falle eines Infektes ist eine ausgeprägte Ausschüttung von Interferon. Interferone machen dem gesamten Organismus den Ernst der Lage klar und leiten alle weiteren Schritte des Immunsystems ein.

Präzises Vorgehen

Bei einer präzisen Immunantwort werden vom Immunsystem ausschließlich die Zellen angegriffen, die ein Antigen (ein Gefahrenstoff wie ein Virus, Bakterium oder Giftstoff) enthalten. Dafür ist es wichtig, dass der Gefahrenstoff in der Zelle vom Immunsystem erkannt wird.

Zum anderen ist es wichtig, dass möglichst wenig Kollateralschaden entsteht, bei dem das Immunsystem auch andere (noch gesunde) Zellen angreift.

Selbstlimitierung

Der dritte entscheidende Faktor für eine gute Immunfunktion ist die Fähigkeit zur Selbstlimitierung, das heißt, dass Immunsystem muss wissen, wann es den Angriff auf den Gefahrenstoff beenden kann. Aus einer fehlenden Selbstlimitierung können so genannte „Zytokinstürme" resultieren.

Durch eine bessere Stoffwechsel- und Zellfunktion verbessern sich die Reaktionsfähigkeit, die Präzision und die Fähigkeit zur Selbstlimitierung. Daher ist zum Beispiel auch das COVID Risiko (und viele weitere Risiken) deutlich niedriger bei Menschen, die sich viel bewegen, die eine gute Nährstoffversorgung haben, und deren Zellstoffwechsel besser funktioniert.

Allmählich raucht Christine schon der Kopf von dem ganzen neuen Wissen über das Immunsystem. Jetzt braucht sie erstmal eine Bewegungspause und macht einen Spaziergang.

Komm mach mit - jetzt!

Geh nach draußen und mach einen Spaziergang!

Ernsthaft! Auf gehts! Erst danach liest du weiter!

Perspektivwechsel

Heute hat Christine endlich ihren ersten Termin bei Ben. Sie freut sich schon sehr darauf und ist gespannt, was er zu ihren Blutwerten sagen wird. Etwas nervös klingelt sie an der Tür des Instituts. Als der Türöffner summt, geht sie rein. Da kommt ihr auch schon ein junger, dynamischer Mann entgegen. Ob das Ben ist?

„Hallo, Sie müssen Frau Schulz sein. Schön, dass Sie da sind!“, begrüßt er sie freundlich und hält ihr seine Faust zur Begrüßung entgegen, wenigstens etwas. Hände schütteln macht man ja seit Corona nicht mehr. „Ich bin Ben Meyer. Dann wollen wir mal loslegen.“ Er führt sie in ein Besprechungszimmer und sie setzen sich gemeinsam an einen runden Tisch.

„Christine, wir handhaben das hier im Institut so, dass wir uns alle duzen. Ist das für dich in Ordnung?“, fragt er Christine.

„Ja, sehr gerne können wir das so machen“, antwortet Christine.

„Prima, kannst du mir dann nochmal sagen, was dich zu mir führt? Am Telefon hattest du ja schon angedeutet, dass du von deiner Freundin Steffi schon ein paar Infos hast, was wir hier im Institut machen.“

„Also, Steffi hat mir erzählt, dass sie durch die Zusammenarbeit mit dir viele ihrer Beschwerden losgeworden ist. Keine Blähungen mehr, besserer Schlaf, mehr Energie und keine Steifigkeit und Schmerzen im Körper mehr. Damit hat sie mich überzeugt und angesteckt. So ein paar Wehwehchen trägt ja irgendwie jeder mit sich rum. Bei mir ist es auch Müdigkeit und vor allem hab ich ständig so verspannte Schultern. Und wenn ich die paar Kilos, die ich in der Coronazeit zugenommen habe, wieder loswerden könnte, wär das natürlich auch super. Insgesamt möchte ich mich wieder wohler und lebendiger fühlen. Und dann hatte sie mir noch erzählt, dass es einen Zusammenhang gibt zwischen Stoffwechsel und Immunsystem. Darüber möchte ich auch gerne mehr verstehen.“

„Christine, das hört sich nach einem guten Plan an. Dabei unterstütze ich dich gerne. Ich teile mal meine Perspektive auf das Thema Immunsignatur-Programm mit dir und dann können wir gemeinsam besprechen, wie wir dir am besten helfen können, okay?“

„Klar“, antwortet Christine neugierig.

„Wir wollen alle gesund und glücklich sein und keiner will krank werden. Keiner möchte eine Viruserkrankung, egal wie gefährlich sie ist. Ich glaube, wir geben im Moment nicht unser Bestes, um wirklich nachhaltig gesund zu bleiben und das Risiko für Viruserkrankungenen zu reduzieren. Eine gute Prävention besteht aus mehreren Säulen. Für mich war diese Entwicklung in der Pandemie allerdings zu einseitig: 'abwarten', 'Abstand halten', 'Maske tragen', 'passiv sein', 'impfen'. Das ist okay, aber es hat sich gezeigt, dass diese Maßnahmen allein nicht ausreichen, um die Infektionszahlen in den Griff zu kriegen und sie sind auch sehr einschneidend für das (öffentliche) Leben. Ich wollte ein Programm entwickeln, das auf die speziellen Bedürfnisse der Menschen ausgerichtet ist und ihnen die Möglichkeit gibt, sich bewusst zu stärken. Daher habe ich angefangen, ergänzend zu den anderen Maßnahmen, nach den effektivsten Lösungen zu suchen, um das Risiko für schwere Viruserkrankungen zu reduzieren und somit das Immunsignatur-Programm entwickelt. Bei dem Programm analysieren und verbessern wir daher deinen Energiestoffwechsel. Wir gehen dabei so vor: Heute ergänzen wir deine Blutwerte mit weiteren Analysen, die ich jetzt gleich mit dir durchführen werde. Diese Daten geben wir dann in die Software ein. Daraus ergeben sich ganz individuelle Methoden, die für dich maßgeschneidert sind, um deinen Energiestoffwechsel und damit auch dein Immunsystem zu optimieren. Diese Methoden funktionieren auf Basis der Hormesis. Hormesis bedeutet, dass wir bestimmte Reize setzen, auf die dein Organismus dann mit Anpassung reagieren wird. Dadurch wird dein System besser und gesünder werden. Wir beide werden dann vor allen Dingen viele praktische Lösungen finden, wie du diese Methoden in dein Leben integrieren kannst. Nach vier Wochen machen wir dann ein erneutes Screening. Klingt das nach einem vernünftigen Plan?"

„Ja, sehr gut!"

Zuerst misst Ben Christines Blutdruck. Danach führt Ben mit ihr direkt eine Atemübung durch, die Lufthunger-Challenge.

„Christine, ich möchte jetzt mal überprüfen wie dein Körper mit Sauerstoff (O2) und Kohlendioxid (CO2) umgeht und wie viel Stress in deinem Körper steckt. Bitte stell dich mal gerade hin und beuge dich vorne über. Merk dir, wie weit du kommst. Dann dreh mal deinen Kopf nach links und rechts, soweit es geht. Fühle dabei in dich hinein, wie und wo du verspannt bist. Jetzt atme einen ganz normalen Atemzug ein, halte die Luft an und mach so lange Kniebeugen, bis du wieder atmen musst." Ben und Christine machen zusammen Kniebeugen.

„Teste jetzt nochmal deine Beweglichkeit. Wie fühlt es sich jetzt an?"

Christine schaut ein bisschen ungläubig aus. „Ben, ich hab das Gefühl, dass ich meinen Kopf jetzt lockerer nach links und rechts bewegen kann, und weiter nach vorne runterkomme."

„Jetzt atmen wir 20-mal tief ein und aus, halten dann die Luft nochmal an und machen wieder Kniebeugen, bis wir wieder atmen müssen." Wieder machen sie gemeinsam Kniebeugen. „Wie war das für dich, Christine? Teste jetzt nochmal deine Beweglichkeit", fordert Ben sie auf.

„Krass, diesmal war es nochmal etwas besser. Was bedeutet das denn? Wenn ich so schnell meinen Kopf weiterdrehen kann?"

„Wenn man durch die simple Atemübung eine deutliche Steigerung in der Beweglichkeit feststellt, dann war die Unbeweglichkeit nicht aufgrund eines 'verkürzten' Muskels vorhanden, sondern aufgrund von Stress, der zu der erhöhten Muskelspannung geführt hat", erklärt ihr Ben.

„Dann kann es also sein, dass meine verspannten Muskeln an den Schultern eher mit Stress zu tun haben und gar nicht die Muskeln selbst das Problem sind? Das würde dann auch erklären, warum es mit Physiotherapie immer nur kurz besser wird und nie wirklich weggeht." Christine denkt laut weiter und Ben nickt.

Komm mach mit - jetzt!

Stell dich gerade hin und beuge dich nach vorne. Merk dir, wie weit du kommst. Dann streck die Arme nach vorne aus, lege die Handflächen aufeinander und dreh dich nach links und rechts. Merk dir wieder, wie weit du kommst.
Dann atme einmal tief ein und durch den Mund maximal aus, soviel du kannst. Dann halte die Luft an und mache so lange schnelle, kleine Kniebeugen, bis du wieder atmen musst. Jetzt beug dich noch einmal nach vorne und dreh dich nochmal nach links und rechts.
Wie fühlt es sich jetzt an?
Wie ist die Beweglichkeit?
Wie ist die Spannung in deinem Körper?
Menschen, die sehr gestresst und übersäuert sind, können nur sehr kurz die Luft anhalten. Unter 30 Sekunden in Ruhe, und bei der Kniebeugeübung manchmal auch nur unter 15 Sekunden. Je mehr Stress, desto höher die CO_2-Produktion, desto höher die Atemfrequenz, desto größerer Stress, wenn man mal die Luft anhalten muss (weil man unter Stress einen hohen Bedarf hat CO_2 loszuwerden).
Der Beweglichkeitstest ist ein Indikator für chronischen Stress.

Anschließend fragt Ben sie noch, wie groß sie ist, und sie stellt sich einmal auf die Waage und er misst noch ihren Bauchumfang.

Aufmerksamkeit ist Freiheit

„Christine, bevor ich die Daten jetzt in das Softwareprogramm eingebe, möchte ich noch zwei Dinge mit dir durchgehen. Fangen wir mal mit dem 'Rad des Lebens' an." Ben setzt sich neben Christine und legt ihr einen Fragebogen vor. „Auf diesem Rad siehst du bestimmte Lebensbereiche abgebildet. Deine Aufgabe ist es jetzt, auf einer Skala von 0 bis 5 einmal zu bewerten, wie viel Aufmerksamkeit du den einzelnen Bereichen in deinem täglichen Alltag schenkst. Null ist dabei keine Aufmerksamkeit, fünf die meiste Aufmerksamkeit. Wenn du damit fertig bist, schau dir dein Rad noch einmal an. Gibt es etwas an dieser Verteilung deiner Aufmerksamkeit, was du gerne ändern möchtest?"

Gar nicht so leicht diese Aufgabe findet Christine. Sie kommt zu dem Ergebnis, dass sie gerne ihrer Arbeit etwas weniger Aufmerksamkeit widmen möchte und ihrer Physis, ihren Emotionen und dem Faktor Zeit, vor allem für sich selbst, mehr Aufmerksamkeit schenken möchte.

Komm mach mit - jetzt!

Jetzt bist du selbst an der Reihe. Nimm dir einmal dein "Rad des Lebens" vor und bewerte, wie viel Aufmerksamkeit du den einzelnen Bereichen widmest.
0 = keine Aufmerksamkeit
5 = maximale Aufmerksamkeit.

Das Rad des Lebens

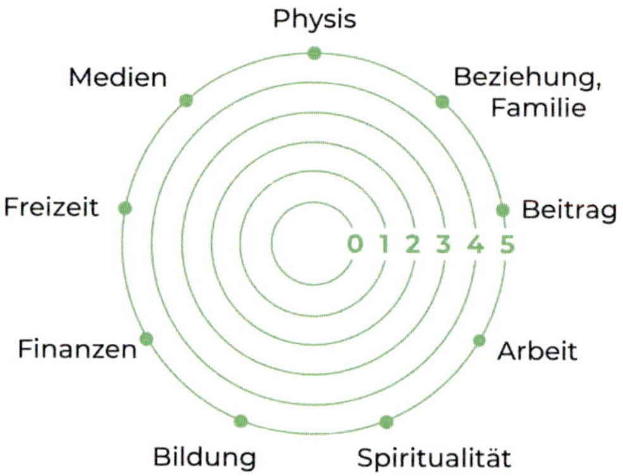

+ **PHYSIS**
  Körper, Kraft, Ausdauer. Beweglichkeit, Fitness.
+ **BEITRAG**
  Freiwilligenarbeit, Beitrag zu etwas Größerem.
+ **FAMILIE**
  Kinder, Partner, Eltern.
+ **FINANZEN**
  Geld, Kredit, Hypothek, Zukunftssicherheit.
+ **SPIRITUALITÄT**
  Dankbarkeit, Ganzheit, Demut, Verbundenheit.
+ **ARBEIT**
  Zeit, Kompetenz und Energie vs. Geld Tausch.
+ **BILDUNG**
  Erweiterung von Kompetenz.
+ **FREIZEIT**
  Spiel, Zerstreuung, Entertainment, Freude.
+ **MEDIEN**
  Smartphone, Tablet, Laptop, TV.

Als zweiten Schritt überlege dir, wie zufrieden du mit deiner Verteilung bist. Welchen Bereichen möchtest du gerne mehr Aufmerksamkeit schenken und welchen weniger?

Komm mach mit - jetzt!

Jetzt bist du selbst an der Reihe mit deinen "6S". Bewerte auf einer Skala von 0 bis 5 dein aktuelles Befinden in den sechs Kategorien.
0 = am wenigsten
5 = am meisten

Die sechs "S"

STÄRKE	0	5
SCHLAF	0	5
STIMMUNG	0	5
SCHMERZ	0	5
STRESS	0	5
STEIFIGKEIT	0	5

+ **STÄRKE**
  Körperlich, mental, seelisch. Bist du verwurzelt? Schaffst du es, dich durchzusetzen?

+ **SCHLAF**
  Freust du dich aufs Bett? Schläfst du schnell ein? Schläfst du durch? Bist du morgens erholt?

+ **STIMMUNG**
  Bist du happy? Dankbar? Erfüllt? Hast du Geduld? Bist du liebevoll zu dir und zu anderen?

+ **SCHMERZ**
  Tut dir was weh? Körperlich? Emotional? Moralisch?

+ **STRESS**
  Stehen deine Herausforderungen in einem guten Verhältnis zu deinen Ressourcen? Zu deinen Erwartungen? Sind deine Aufgaben sinnvoll? Wirst du dafür wertgeschätzt?

+ **STEIFIGKEIT**
  Fühlst du dich beweglich? Körperlich, emotional, mental? Bist du anpassungsfähig? Fällt dir Veränderung leicht oder schwer?

Nun schau noch einmal deine Bewertungen an.
Was fällt dir auf? Siehst du in bestimmten Bereichen einen Zusammenhang mit deinem Rad des Lebens?

Als Nächstes füllt Christine noch ihre „6S“ aus. Wieder auf einer Skala von 0 bis 5 bewertet sie dabei ihr aktuelles Befinden in den sechs Kategorien Stärke, Schlaf, Stimmung, Schmerz, Stress und Steifigkeit. Dabei fällt ihr auf, dass Stärke besser sein könnte. Hätte sie es mit dem Training mal nicht so schleifen lassen. Schmerz und Steifigkeit in ihrem Schulterbereich wünscht sie sich natürlich weniger. Bei Stress hätte sie auch gerne weniger angekreuzt.

Dann gibt Ben ihre Daten aus den Messungen und ihre Blutwerte in die Software ein.

Das Screening

Komm mach mit - Selbstscreening

Jetzt bist du selbst an der Reihe. Wenn du mehr als 3 Fragen mit JA beantwortest, dann wird es Zeit, was zu verändern.

Bist du häufig müde?	JA	NEIN
Hast du morgens Gelenkschmerzen?	JA	NEIN
Hast du häufig Heißhunger?	JA	NEIN
Ist deine Haut leicht gerötet/reizbar?	JA	NEIN
Hast du Schlafstörungen?	JA	NEIN
Hast du innere Unruhe?	JA	NEIN

„So, Christine, ich gebe jetzt mal deine Werte in die Software ein. Damit bekommen wir dann gleich eine Aussage über deine aktuellen Risikofaktoren. Bauchfett, Blutdruck, Körpergewicht, Zuckerstoffwechsel, Fettstoffwechsel und Insulinresistenz werden damit bestimmt. Ich drucke dein Ergebnis eben aus und dann werfen wir gemeinsam einen Blick darauf."

Mit dem ausgedruckten Ergebnis setzt er sich neben Christine und fängt an zu erklären: „Also, zuerst die guten Nachrichten. Dein Blutzucker, Blutdruck und deine Blutfette sind optimal. Aber schau mal hier beim Punkt Organfett, hier wird deine Größe ins Verhältnis gesetzt zu deinem Taillenumfang. Das ist bei dir nicht optimal. Dein Ergebnis liefert ein Anzeichen für eine mögliche Insulinresistenz mit metabolischem Syndrom. Der Anteil deines viszeralen Körperfetts, also das Fett am Bauch und besonders um deine Organe, ist leicht erhöht. Viszerales Körperfett schüttet permanent entzündliche Substanzen aus und steht am Fundament einer schlechten Immunfunktion und einem hohen Risiko für viele chronische Erkrankungen."

„Also kurz gesagt, mein Bauch ist zu dick?“ Das hat Christine sich ja eh schon gedacht. Die Hosen waren ihr während Corona im Bund enger geworden. Hätte sie mal weiter Sport gemacht. Das bereut sie jetzt immer mehr. „Und was bedeutet das, mit den entzündlichen Substanzen genau, die da ausgeschüttet werden?“

„Dein Körper neigt dann generell eher zu Entzündungen. Das Risiko zur Entstehung von chronischen Erkrankungen wie zum Beispiel Bluthochdruck oder auch Arthrose steigt damit an. Das Immunsystem ist ständig ein bisschen in Aufruhr und kann andere Aufgaben, wie zum Beispiel die Abwehr von Erregern nicht mehr so gut erledigen. Daher können auch deine Müdigkeit und die verspannten Schultern kommen.“

Das hat Christine vorher nicht gewusst. Bisher hat sie das Fett am Bauch nur optisch gestört. Aber wenn dadurch Entzündungen und chronische Erkrankungen gefördert wurden, will sie es jetzt natürlich umso mehr wieder loswerden.

Komm mach mit - Selbstscreening

Jetzt bist du selbst an der Reihe. Mit einem Maßband und einem einfachen Bluttest vom Arzt kannst du deinen Energiestoffwechsel überprüfen:

Ist dein Bauchumfang mehr als 65% deiner Körpergröße?

JA NEIN

Triglyzeride über 100mg/dl?

JA NEIN

Verhältnis von Gesamtcholesterin zu HDL-Cholesterin von über 3?

JA NEIN

HbA1c über 5,7%?

JA NEIN

Formel für den prozentualen Bauchumfang:
(Bauchumfang / Körpergröße) x 100

Ben erklärt weiter: „Dein Body-Mass-Index ist leicht erhöht. Hier muss man etwas genauer hinsehen. Das kann einerseits dafürsprechen, dass du besonders viel Muskelmasse hast oder dass du besonders viel Fettmasse hast. Wenn du nicht gerade Leistungssportler bist, und deshalb viele Muskeln hast, dann solltest du jetzt deinen Lebensstil modifizieren. Je später du damit beginnst, desto schwieriger wird es. Auch gibt es bei dir Hinweise auf eine Insulinresistenz. Hier sind deine Werte für den Nüchternblutzucker und die Triglyceride nicht optimal. Die Insulinresistenz ist eine lebensstilbasierte Stoffwechselfehlregulation. Dadurch werden von deiner Leber vermehrt Triglyzeride ausgeschüttet und dein Körper wird schlechter darin, Zucker und andere Energie zwischen den Organen auszutauschen. Dadurch steigen der Blutzucker und die Blutfette an."

„Ben, kannst du mir das mit der Insulinresistenz nochmal genauer erklären?", hakt Christine nach.

Insulinresistenz - einfach erklärt

Ben erklärt weiter: „Insulin ist wie ein Schlüssel, der Zucker in die Zelle lassen kann. Wenn ständig Zucker beziehungsweise Kohlenhydrate zugeführt und nicht verbraucht werden, zum Beispiel weil die Person sich wenig bewegt, staut sich die Energie an der Zelle. Dann muss die Bauchspeicheldrüse immer mehr Insulin produzieren. Mit der Zeit kann es passieren, dass das Insulin als Schlüssel nicht mehr so gut in sein Schloss passt. Dann kann weniger oder keine Energie mehr in die Zellen gelangen und man spricht von einer Insulinresistenz. Gesunde Zellen zeichnen sich dadurch aus, dass sie flexibel Fette und/oder Glukose als Energiequelle nutzen können. Dann spricht man von metabolischer Flexibilität. Im Bezug zum Immunsystem liegt genau hier ein ganz großes Problem. Das Immunsystem und der Energiestoffwechsel sind ganz eng miteinander verbunden. Bei einer Insulinresistenz liegt ja eine Störung im Energiestoffwechsel vor. Wenn das Immunsystem dann bei einer Infektion auf einmal viel mehr Energie benötigt, ist die Energieverfügbarkeit reduziert und das Immunsystem kann dadurch schlechter arbeiten. Und deshalb ist die Insulinresistenz einerseits ein Risikofaktor für die Entstehung von Übergewicht, Arteriosklerose, Herzinfarkt und anderen chronischen Erkrankungen und andererseits ein Risikofaktor für schwerere Verläufe von Infektionen wie zum Beispiel jetzt gerade in der Pandemie bei COVID."

Faktencheck Insulinresistenz - eine globale Pandemie

Was ist Insulin?

Insulin ist ein Hormon, das von der Bauchspeicheldrüse (unter Vorgabe des Gehirns) ausgeschüttet wird. Eine wichtige Funktion ist das Einschleusen von Glukose, also Zucker, in die Körperzellen. Das macht das Insulin, indem es den Zuckertransporter an den Zellen öffnet. Insulin ist das einzige Hormon, das diese Funktion hat und dadurch den Blutzuckerspiegel senken kann.

Normalzustand

Insulin fungiert also wie ein Schlüssel, der am Insulinrezeptor (Schloss) andockt um Zucker (Energie) in die Zellen zu lassen.

Wenn die Insulin-Insulinrezeptor-Kombination gut funktioniert, dann:

1. *bleibt der Blutzuckerspiegel niedrig, weil die Energie es in die Zellen schafft.*
2. *haben die Zellen Energie und können ihren Funktionen nachgehen.*
3. *sind die Insulinspiegel niedrig-normal.*

Und was ist die Insulinresistenz?

Bei der Insulinresistenz haben sich die Insulinrezeptoren (die Schlösser) in das Zellinnere verzogen. So kann Insulin nicht mehr das Schloss aufschließen.

Insulinresistenter Zustand:

1. *Der Insulinspiegel steigt, denn das Gehirn und die Bauchspeicheldrüse versuchen verzweifelt, die Zellen aufzuschließen.*
2. *Der Blutzuckerspiegel steigt, weil der Zucker (Energie) nicht mehr in die Zellen kommt.*
3. *Die Zellen erleben Energiemangel und verlieren an Funktion.*
4. *Der erhöhte Blutzuckerspiegel und der erhöhte Insulinspiegel ziehen viele Nebenwirkungen nach sich.*

Endstufe Diabetes (Typ 2)

Erst wenn die Bauchspeicheldrüse es irgendwann nicht mehr schafft, Insulin zu produzieren, ist der Körper nicht mehr in der Lage, den

Blutzuckerspiegel niedrig zu halten. Daraufhin dekompensiert das System und die Diagnose „Diabetes 2" wird gestellt. Jedoch ist die Insulinresistenz aufgrund der negativen Effekte der Energieunterversorgung und der chronischen Insulinspiegel („Hyperinsulinämie") auch ohne einen Diabetes ein Problem.

Energie ist die wichtigste Ressource des Immunsystems

Ein ruhendes Immunsystem benötigt etwa 400 Kalorien (kcal) täglich. Dieser Energiebedarf steigt um bis zu 60% wenn das Immunsystem aktiv wird. Diese Energie muss im Körper mobilisiert werden. Dies übernimmt unser Energiestoffwechsel. Sollte das nicht so gut gelingen, dann fehlt dem Immunsystem Energie. Wenn der Energiestoffwechsel nicht gut funktioniert, kann das ein limitierender Faktor der Immunfunktion sein.

Insulinresistenz und Immunsystem

Die Insulinresistenz ist also eine Energiestoffwechselstörung, die in ihrer schlimmsten Ausprägung Diabetes 2 genannt wird, und bereits in sanfteren Ausprägungen unser Immunsystem verblinden kann. In etwa 30 Millionen Menschen in Deutschland haben eine Insulinresistenz, davon 8-10 Millionen mit diagnostiziertem Diabetes. Die Insulinresistenz reduziert nicht nur die T-Zell-Effektivität, sondern sie reduziert auch die Energieverfügbarkeit des Immunsystems, so dass unser Immunsystem sich nicht mehr gut aufbäumen und danach selber limitieren kann (Zytokinsturm). Das erhöht das Risiko für einen schweren Verlauf (Finucane 2020, Ren 2020, Ceriello 2020, Pal 2020).

Die Insulinresistenz ist die funktionelle Veränderung am Fundament des metabolischen Syndroms und so zusätzlich eine wichtige Ursache für Arteriosklerose, Herzinfarkte, Übergewicht, und Neurodegeneration.

Wenn der Hüftumfang mehr als 65% der Körpergröße ist, dann liegt mit großer Wahrscheinlichkeit eine Insulinresistenz vor (Jamar 2017).

Komm mach mit - jetzt!

Jogge für 60 Sekunden auf der Stelle und mache alle sechs Sekunden eine tiefe Kniebeuge!

Ernsthaft! Auf gehts! Erst danach liest du weiter!

„Das kam jetzt genau richtig. Die Bewegungspause hat gutgetan. Da fühlt man sich gleich wieder viel lebendiger“, freut sich Christine. „Wenn ich es richtig verstanden habe, ist also diese Insulinresistenz jetzt die Wurzel allen Übels, weil der Energiestoffwechsel und das Immunsystem so eng zusammenhängen.“

„Ja, genau. Die Insulinresistenz führt zu weitreichenden Veränderungen im gesamten Körper und hat einen direkten negativen Effekt auf alle anderen Risikofaktoren. Eine weitere Verbesserung deiner Insulinsensitivität hat daher jetzt die allergrößte Priorität für dich. Daher hat die Software für dich jetzt auch das Insulinresistenzprotokoll empfohlen.“

„Und was kann ich jetzt genau gegen diese Insulinresistenz tun?“, fragt Christine motiviert nach.

Die Mitochondrien

„Mit dem Protokoll verbessern wir deinen Energiestoffwechsel, Christine. Wir müssen vor allem deine Mitochondrien verbessern. Das sind die Energiekraftwerke deiner Zellen. Sie produzieren letztendlich die Energie. Ohne Energie können wir nicht leben. Deshalb ist es wichtig, dass deine Mitochondrien gesund sind und Energie produzieren können. Und hier kommen jetzt die fünf Doktoren des Lebensstils ins Spiel: Bewegung, Ernährung, Kälte, Atmung und Schlaf. Mit jedem der fünf Doktoren setzen wir hormetische Reize. Diese Reize stimulieren deine Mitochondrien, sich zu teilen und dadurch zu vermehren. Das nennt man dann Mitogenese. Hormetische Reize legen nämlich wichtige Schalter in deinen Zellen um, die das Mitochondrienwachstum steigern."

Faktencheck - Mitochondrien

Unser Hybridmotor

Unser heutiger Zellstoffwechsel ist ein Hybridmotor. Wir haben sowohl den Zuckerstoffwechsel (schnell aber kostspielig), als auch den Fettstoffwechsel (langsamer, aber sehr effizient). Kostspielig bedeutet, dass pro Gramm Zucker nur wenig Energie freigesetzt wird und die Zelle übersäuert. Effizient bedeutet, dass in wenig Fett viel Energie steckt und die Zelle nicht übersäuert, sondern sich selber reinigt. Dadurch können wir sowohl Zucker, als auch Fette verstoffwechseln, wir können schnell und ausdauernd sein, je nachdem was die aktuelle Anforderung des Körpers ist.

Die Verstoffwechselung von Zucker zu Laktat in unserem Zellplasma bringt uns schnelle Energie. Das ist ein Fermentationsprozess, exakt wie bei Bakterien. Dabei entsteht auch Laktat und viel Säure. Dieser Prozess kann nur Zucker und kein Fett verstoffwechseln. Wenn wir nur diesen Prozess nutzen, dann übersäuern wir und haben ständig Heißhunger.

Der aerobe Stoffwechsel findet im Mitochondrium statt und ist die perfekte Ergänzung. Denn dieser Stoffwechsel kann zusätzlich zum Zucker auch Fette verbrennen, liefert effiziente Energie für viel Ausdauer und der Prozess konsumiert Säure, wodurch die Zelle entsäuert und basischer/alkalischer wird.

Wenn alles immer „schnell, schnell" gemacht werden muss (Stress), wenn wir nur Zucker zur Verfügung stellen (Durchschnittsernährung), wenn wir keinen Sauerstoff in unsere Zellen bekommen (durch Bewegung und Atmung), dann sind die Zellen in einem chronisch anaeroben Zustand und sind chronisch übersäuert. Da hilft dann auch kein Basenwasser oder eine basische Ernährung, die nichts am Zellstoffwechsel ändert. Die Lösung ist die Änderung des Lebensstils mit Hilfe der fünf Doktoren.

Das mächtige Mitochondrium

Die Mischung unseres anaeroben und aeroben Stoffwechsels kann täglich bis zu 300 kg Lebensenergie (ATP) produzieren. 90% davon kommen aus dem aeroben Stoffwechsel („Der Grundstoffwechsel" / „Die Grundlagenausdauer").

Wir haben im Schnitt pro Zelle 1000 dieser kleinen Mitochondrien. Wenn die Anzahl oder Funktion dieser Mitochondrien abnimmt, dann geht es uns gar nicht gut. Dann werden wir müder, entzündeter, übersäuerter, oxidierter und unsere Zellen verlieren Kommunikationsfähigkeit. Viele der Methoden der fünf Doktoren funktionieren, WEIL sie die Mitochondrien verbessern und dadurch Entzündung reduzieren, Metaflammation reduzieren, die Energieverfügbarkeit erhöhen, die antioxidative Kapazität steigern und die Zellkommunikation verbessern.

Wenn es den Mitochondrien gut geht, vermehren sie sich. Wenn es ihnen schlecht geht, dann sterben sie und werden weniger. Den Mitochondrien geht es gut, wenn sie genug, aber nicht zu viel Nahrung haben. Sie brauchen alle notwendigen Nährstoffe, genug Sonnenlicht (sehr wichtig für Mitochondrien) und nicht zu viel synthetisches Licht (Mitochondrienkiller), Die Zellen dürfen nicht chronisch übersäuert sein (Mitochondrienkiller) und sie müssen immer mal wieder herausgefordert werden (Wachstumsreize für Mitochondrien).

Gift für Mitochondrien

- *chronische Belastungen*
- *chronischer Stress*
- *Pestizide, Schwermetalle*
- *chronischer Bewegungsmangel*
- *chronische Belastung mit synthetischem Licht*
- *chronische Übersäuerung*
- *chronischer Schlafmangel*
- *chronischer Nahrungsmangel*
- *chronisches Nahrungsangebot*

Dünger für Mitochondrien

- *akute Belastungen durch hormetische Reize*
- *Krafttraining*
- *Kälte*
- *Hitze*
- *Intervallfasten*
- *Intermittierender Sauerstoffmangel*
- *helles Infrarotlicht, Sonnenlicht*
- *Dunkelheit*

Bei den Methoden, die die mitochondriale Biogenese verbessern, fällt auf, dass es extreme Gegensätze sind. Und genau das ist das Entscheidende. Mitochondrien lieben Extremsituationen und mögen chronisch-mittelmäßige Situationen gar nicht.

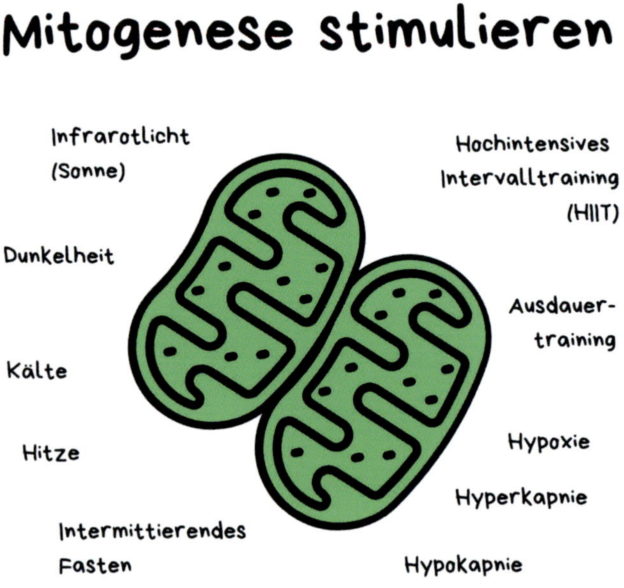

Komm mach mit - jetzt!

Stell dich hin und beuge dich nach vorne rüber, so weit wie du kannst. Richte dich dann mit der Einatmung wieder auf und nimm die Arme über den Kopf. Strecke und öffne deinen gesamten Körper. Mit der Ausatmung beugst du dich wieder tief vorne über.

Mache davon 10 Wiederholungen, also 10 tiefe Atemzüge!

Ernsthaft! Auf gehts! Erst danach liest du weiter!

Dr. Ernährung

„Pass mal auf, was Dr. Ernährung mit deinen Mitochondrien macht. Bei Dr. Ernährung gibt es drei Grundprinzipien: Intervallfasten, mehr Faserstoffe, weniger Stärke und Proteine zu jeder Mahlzeit."

„Ja, das hatte mir Steffi auch schon gesagt. Aber was genau macht das mit meinen Mitochondrien?" Christine will es ganz genau verstehen.

„Selten essen, hält dich fit und gesund. Die Forschung zu intermittierendem Fasten hat gezeigt, dass es das Leben von Säugetieren verlängern kann.[5] Das liegt daran, dass durch Essen molekulare Schalter umgelegt werden (wie z.B. mTOR, AMPK), die bei chronischer Aktivierung zu schnellerer Zellalterung führen. Die intermittierende Aktivierung durch Intervallfasten regt jedoch die Stammzellaktivität an, repariert Zellschäden, und führt so zu einem längeren und gesünderen Leben der Zellen. Intervallfasten bekämpft Entzündungen und verbessert deine Immunfunktion und kann so einen entscheidenden Beitrag leisten zur Prävention zahlreicher Krankheiten. Beim intermittierenden Fasten aktivierst du deinen Fettstoffwechsel. Dein Protokoll für die nächsten vier Wochen sieht vor, dass du jeden Tag ein Zeitfenster von 12 Uhr bis 20 Uhr zum Essen hast. In dieser Zeit solltest du dann zweimal essen. Du kannst dieses Zeitfenster in der ersten Woche langsam steigern, indem du mit 14/10 Stunden anfängst und auf 16/8 Stunden steigerst. Hört sich das für dich machbar an?"

„Puh, also mit meinem Ziel vor Augen, mich wieder wohler und lebendiger zu fühlen, werde ich das jetzt angehen."

„Je häufiger du von deinem Körper forderst, länger mal nichts oder unregelmäßig zu essen, desto einfacher wird es. Dein Körper wird anpassungsfähiger und lernt, seine Energiereserven zu nutzen. Die Energie ist da. Du musst nur lernen, wieder darauf zugreifen zu können."

Ben fährt mit seinen Erklärungen fort: „Mehr Faserstoffe fördern ebenfalls deine Gesundheit. Dazu gehören die Cellulose (Pflanzenzellwände) von grünem Gemüse, das Pektin von Obstschalen, und das Inulin (aus z.B. Topinambur, Schwarzwurzel, Artischocke, Pastinake).

---

[5] Longo, Valter D., Maira Di Tano, Mark P. Mattson, and Novella Guidi. 2021. „Intermittent and Periodic Fasting, Longevity and Disease." Nature Aging 1(1):47–59.

Vor allem das Inulin ist sehr heilsam. Im Darm produzieren dann deine Bakterien daraus kurzkettige Fettsäuren, die deinen Darm, dein Gehirn und dein Immunsystem nähren. Naturvölker essen deutlich mehr Inulin, Pektin und Cellulose als wir. Gleichzeitig essen sie deutlich weniger einfache und komplexe Zucker. Wurzeliges, zähes Gemüse, grünes Gemüse und Obstschalen sind die besten Quellen für die gesunden Faserstoffe. Einfache Zucker sind sehr schädlich für das Immunsystem und deinen Darm und auch ein chronisch hoher Konsum von komplexen Zuckern wie Getreide und Kartoffeln ist nicht optimal. Und als drittes noch zu jeder Mahlzeit Eiweiß dazu. Was alle gesunden Ernährungsformen gemeinsam haben, ist, dass etwa 25-35% der Kalorien aus Proteinen stammen. Durch ausreichend Proteine wird dein Immunsystem ernährt und kann so gut Entzündungen regulieren. Proteinreich zu essen ist neben Fasten und faserstoffreichem, zucker- und stärkearmen Essen der wichtigste Schlüssel, um gesund abzunehmen. Achte dabei auf eine große Vielfalt der Proteinquellen. Du kannst dabei tierische und pflanzliche Eiweißquellen wählen. Achte bei tierischen Quellen auf möglichst hohe Qualität."

„Das bedeutet dann, dass ich in den nächsten vier Wochen hauptsächlich Gemüse, Salate, Fleisch, Fisch, Geflügel, Eier, etwas Obst, Nüsse und Kerne esse?", vergewissert sich Christine. „Kannst du mir nochmal sagen, was dann gute Kohlenhydratquellen sind?"

„Super, Christine! Man merkt, dass du maximal Bock hast, jetzt was zu ändern. Gute Kohlenhydratquellen für dich sind dann zum Beispiel Möhren, Pastinaken, Petersilienwurzeln, Rote Beete und Süßkartoffeln. Du bekommst von mir auch noch Rezepte dazu."

„Dann machen wir mal weiter mit Dr. Kälte", fährt Ben fort.

Dr. Kälte

„Ben, bei Kälte habe ich immer Angst, dass ich mich erkälte", wirft Christine skeptisch ein.

„Christine, deine Mitochondrien werden die Kälte lieben. Wir brauchen die Kälte für unsere Gesundheit wie die Luft zum Atmen. Wir werden ja nicht durch die Kälte krank, sondern weil wir unsere Anpassungsfähigkeit verloren haben. Wir sind dank Heizung und Klimaanlage gar nicht mehr an Temperaturschwankungen gewöhnt. Durch die Kälte kannst du jeden Tag einen Reiz setzen, welcher den oxidativen, angestauten Stress in deinen Zellen verdampfen lässt. Je regelmäßiger du in der Kälte bist, desto besser wird dein Körper darin, gespeicherte Energie in Form von Fett zu mobilisieren und zu verbrennen. Kälte aktiviert eine Substanz, die heißt Thermogenin, die wandelt Kalorien in Wärme um. Und so bringst du mit Kälte jeden Tag deinen Organismus und dein Immunsystem in eine bessere Position."

Frag Dr. Kälte

Bei Dr. Kälte geht es darum, uralte epigenetische Schalter zu aktivieren, die zur Produktion von Hitzeschockproteinen (HSP) führen. Diese HSP werden bei starker Kälte und Hitze ausgeschüttet. Die HSP haben eine sehr wichtige Funktion im Immunsystem und sorgen dafür, dass das Immunsystem sowohl früher, als auch präziser reagiert.

Braunes Fett im Nacken

Unsere Fettzellen, besonders im Nacken, sind in der Lage mehr Mitochondrien einzulagern. Da Mitochondrien einen bräunlichen Schimmer haben, nennt man Fettzellen mit einem hohen Anteil an Mitochondrien auch „braunes Fett". Die Mitochondrien in braunem Fett haben die Fähigkeit, Wärme zu generieren. Das schaffen sie ganz ohne Zittern, nur durch einen biochemischen Kurzschluss. Ja, es ist wirklich ein elektrischer Kurzschluss in unserer Zelle, bei dem die Wärme entsteht. Das braune Fett bildet sich zurück, wenn wir nicht regelmäßig Kältekontakt haben. Vor allem das Areal um den Nacken und den Hals hat ein großes Potential, braunes Fett auszubilden. Wenn man gerade mit Kältetherapie anfängt, ist das Hals-/Nackenareal auch das Sensibelste. Mit der Zeit bildet sich braunes Fett und man wird widerstandsfähiger gegen die Kälte. Das treibt den Stoffwechsel an und unterstützt das Immunsystem.

Kälte belebt das Immunsystem

Kalte Duschen werden auch als „Thermal Exercise" (deutsch: Temperaturtraining) bezeichnet und sind für unser Gehirn und unser Immunsystem ein wichtiger hormetischer Reiz. Eine eindrückliche Studie, die unter dem Namen „Radboud Studie"[6] bekannt ist, weil sie an der Radboud Universität in den Niederlanden durchgeführt wurde, konnte zeigen, dass besonders die Kombination aus Atemübungen und Kältetherapie wahnsinnige Effekte haben kann. In dieser Studie wurden Freiwilligen bakterielle Gifte (Endotoxine) injiziert. Sie haben das

[6] Kox, Matthijs, Lucas T. van Eijk, Jelle Zwaag, Joanne van den Wildenberg, Fred C. G. J. Sweep, Johannes G. van der Hoeven, and Peter Pickkers. 2014. „Voluntary Activation of the Sympathetic Nervous System and Attenuation of the Innate Immune Response in Humans." Proceedings of the National Academy of Sciences of the United States of America 111(20):7379–84.

direkt in die Blutbahn injiziert bekommen. Die Freiwilligen, die vorher keine Atemübungen und Kältetherapie durchgeführt haben, sind alle krank geworden (Fieber und Schnupfen), während die Freiwilligen, die vorher Atemübungen und Kältetherapie durchgeführt haben, komplett symptomlos geblieben sind.

„Und was muss ich da machen? Ben, wenn ich nur daran denke, zieht sich bei mir schon alles zusammen."

„Das kannst du ganz langsam steigern. Du kannst damit anfangen, nach dem Duschen deine Unterschenkel kalt abzubrausen. Optimal ist auch, wenn du dir einen See oder Bach suchst, wo du für fünf Minuten knietief durchs Wasser waten kannst. Wenn das gut klappt, kannst du nach dem Duschen auch die Oberschenkel und Arme dazu nehmen, bis du dann den ganzen Körper kalt abduschst."

„Wenn sie das so langsam steigern konnte, hörte sich das ja erstmal gar nicht so schwer an. „Ben, und was mache ich bei Dr. Atmung? Ich kann mir gar nicht vorstellen, was das bringen soll."

Dr. Atmung

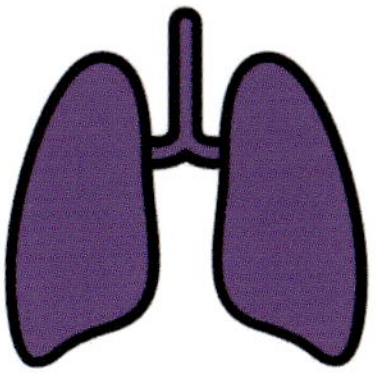

Ben lächelt. „Ja, das geht tatsächlich vielen so. 'Das bisschen Atmung', denkt man schnell. 'Was soll das schon bringen'. Atmung wird bei weitem unterschätzt. Bei Dr. Atmung gibt es wieder drei Prinzipien: Atemverlängerung, Atemverkürzung und Hypoxie. Bei der Atemverlängerung nimm dir zehn Minuten Zeit, setz dich aufrecht hin und dann atmest du für vier Sekunden durch die Nase ein und für acht Sekunden durch den Mund aus. Komm, das machen wir jetzt mal zusammen."

Komm mach mit - jetzt!

Nimm dir fünf Minuten Zeit. Schalte dein Handy auf lautlos und lege es zur Seite. Finde einen für dich angenehmen Platz im Sitzen oder Liegen.

Dann atme vier Sekunden ein und acht Sekunden aus. Immer wenn du abgelenkt wirst, einfach wieder zurück in die Atmung finden. Richte deine Aufmerksamkeit auf das Gefühl, wie die Luft deinen Körper betritt und wieder verlässt.

Auf gehts! Fünf Minuten!

Wie fühlst du dich jetzt?

Sie setzen sich gerade hin und führen die Atemverlängerung gemeinsam durch.

„Du machst das großartig, Christine. Wie fühlst du dich jetzt, nach dem Atmen?“, fragt Ben.

„Oh, ich fühle mich ganz klar und ruhig. Und was bewirkt diese Atmung genau?“, hakt Christine nach.

„Mit der Atemverlängerung werden immer die unterbewussten Systeme beeinflusst. Du bringst damit mehr Ruhe und Gelassenheit in deinen Alltag. Das kann auch dazu beitragen, dass deine Schultern sich nicht mehr so verspannt anfühlen. Die verlängerte Ausatmung aktiviert immer den Parasympathikus. Das ist der Teil von deinem Nervensystem, der für Regeneration und Entspannung zuständig ist. Das wirkt sich dann auch wieder positiv auf dein Immunsystem aus. Dann gibt es noch die Atemverkürzung und die Hypoxie. Die kennst du beide schon von unserem Test am Anfang. Bei der Hypoxie atmest du tief durch die Nase ein, dann maximal durch den Mund aus. Dann hältst du die Luft an und bewegst dich, bis du wieder atmen musst. Dadurch bekommen deine Zellen einen Sauerstoffmangel und beginnen Wachstumsfaktoren zu produzieren, die die Zellregeneration steigern. Diese Hypoxie (von Hypo=wenig, Oxygen=Sauerstoff) ist ein wichtiger hormetischer Reiz für deine Organe. Besonders dein Gehirn und dein Immunsystem profitieren davon. Du trainierst damit die Sauerstoffaufnahmefähigkeit deiner Zellen. Als Drittes haben wir noch die Atemverkürzung. Dabei atmest du 20-mal schnell ein und aus, wie vorhin, zwei Sekunden ein, zwei Sekunden aus. Anschließend hältst du die Luft so lange an, wie du es schaffst. Davon machst du zwei Durchgänge. Bei beiden Techniken hast du ja vorhin selbst schon erlebt und gefühlt, wie gut und locker sich dein Körper danach angefühlt hat.“

Ja das stimmt, denkt sich Christine.

Frag Dr. Atmung

3 Prinzipien

1. Aufmerksamkeit am Morgen (z.B. Dankbarkeit, Hingabe, Akzeptanz, Fokus, Freude, etc...)

Wir sind täglich zahlreichen Reizen ausgesetzt, auf die unser Körper unterbewusst reagiert. Diese nehmen wir nur selten wahr. Sie sind ja unterbewusst. In der Atmung schlummert das Potential zahlreiche dieser Wahrnehmungszustände wiederzuentdecken und bewusster zu werden. Die Atmung ist nämlich der einzige unterbewusste Prozess, in den wir bewusst eingreifen können. Wir können uns über die Atmung an das Lenkrad unseres Unterbewusstseins setzen. Dadurch fällt es uns leichter mit allen Situationen des Lebens umzugehen. Viele Anwender der Atemtechniken berichten, dass Atemtechniken wie ein Cheatcode sind, mit dem man das Spiel des Lebens auf einmal auf einfachster Schwierigkeitsstufe spielt.

Übung

Nimm dir direkt nach dem Aufstehen Zeit für eine ein bis fünfminütige Aufmerksamkeitsatemübung. Setz dich dazu aufrecht im Schneidersitz hin. Schließe deine Augen. Atme vier Sekunden tief durch die Nase ein und durch den Mund acht Sekunden rauschend aus. Atme gute Energie ein und lass negative Gedanken mit jedem Atemzug los.

Bonustipp: Richte deine Aufmerksamkeit auf Dankbarkeit, Verzeihung oder Respekt, um mehr Glück im Leben zu erfahren.

2. Die Extreme kennenlernen (Hypoxie, Hyperkapnie, Hypokapnie)

Durch ein bewusst intensives Atmen wird mehr Sauerstoff durch den Körper bewegt. Das ist sehr gesund für alle Zellen und den gesamten Organismus. Oft atmen wir zu flach und zu oft. Das führt dazu, dass wir nicht das volle Volumen unserer Lunge nutzen und somit auch einige Areale in der Lunge weniger gut durchblutet sind. Ab und zu eine intensive und tiefe Atmung zu haben, verbessert unsere Sauerstoffsättigung in den Zellen, verbessert unsere Durchblutung und trainiert unsere

Lungen. Das wirkt sich auch positiv auf unsere Schleimhäute und deren Immunkompetenz aus. So kann das Immunsystem auch auf der Ebene der Schleimhäute verbessert werden.

Übung 1: Atemverkürzung mit Luftanhalten (Hypokapnie)

Unter Hypokapnie versteht man einen herabgesetzten Kohlendioxid Partialdruck im arteriellen Blut. Dieser entsteht durch die vermehrte Abatmung von CO2 durch die Hyperventilation.

20 Atemzüge Hyperventilation (2s Nase ein, 2s Mund hauchend aus), ausatmen und dann die Luft anhalten, solange du kannst. Davon machst du ein bis drei Durchgänge. Wichtig ist, dass du als Anfänger die Übungen nur im Sitzen oder Liegen durchführst. Versuche, nicht zu viel über richtig oder falsch nachzudenken.

Übung 2: Hypoxie

Bevor es losgeht, spüre einmal, wie frisch und beweglich du dich heute fühlst, indem du dich einmal nach vorn mit den ausgestreckten Händen Richtung Fußspitzen beugst und dich einmal bei aufgerichtetem Oberkörper und nach vorne gestreckten Armen mit dem Oberkörper nach rechts und links drehst. Dann geht es los.

Überlege dir vorweg 1-2 Übungen, die dein räumliches Umfeld zu-lässt. Die einfachste Wahl ist die Kniebeuge mit einem kleinen Bewegungsausmaß oder der Liegestütz an einer Wand.

Die Startposition ist der Stand. Du atmest tief durch die Nase ein und hauchst dann die komplette Luft über den Mund aus. Wenn du keine Luft mehr in dir hast, hältst du die Luft an. Mit angehaltener Luft startest du nun die Bewegung, bis du wieder einatmen musst. Teste dann erneut deine Beweglichkeit.

3. Scannen und Lenken (Über Atmung den inneren Zustand feststellen und dann Aufmerksamkeit lenken)

Die Atmung ist ein hervorragendes Werkzeug, um herauszufinden, wie viel Kontrolle du über dich und deine Bedürfnisse hast. Sogar ein so fundamentales Bedürfnis wie die Atmung können wir kontrollieren. Du kannst dir nicht vorstellen, für 90 Sekunden die Luft anhalten zu können? Dr. Atmung sagt dir, dass du es kannst. Jeder von uns hat die Möglichkeit. Mit einfachen Übungen kannst du mehr Kontrolle über dich und deine Bedürfnisse gewinnen. So kannst du auch besser mit intermittierendem Fasten und der Kälte umgehen. Verbessere deinen Organismus, indem du das Potential deiner Atmung erforschst.

Dr. Schlaf

„Dann fehlt jetzt noch Dr. Schlaf. Hier geht es vor allem um Lichtregulation, Temperaturregulation und Nährstoffregulation. Um gut einzuschlafen, solltest du morgens schon Sonnenlicht konsumieren und 90 Minuten vorm Schlafen künstliches blaues Licht vermeiden. Dazu kannst du eine Blaulichtfilterbrille tragen und an deinen Bildschirmen von Handy, Tablet oder PC den Blaulichtfilter aktivieren. Dein Schlafzimmer sollte komplett abgedunkelt sein. Beides fördert die Produktion vom Schlafhormon. Achte darauf, dass du mindestens acht Stunden schläfst und die Temperatur im Schlafzimmer sollte möglichst unter 19 Grad sein. Das ist natürlich im Sommer etwas schwieriger. Du kannst abends zur Entspannung natürlich auch nochmal die Atemverlängerung machen. Bestimmte Nahrungsmittel wie Eier, Fisch, Geflügel, Kirschen, Kiwis, dunkle Schokolade, Bananen, Nüsse oder Avocados enthalten Tryptophan oder Serotonin, aus denen dann das Schlafhormon Melatonin gebaut werden kann. Im Schlaf regeneriert der Körper und das Immunsystem wird gestärkt."

Frag Dr. Schlaf

3 Prinzipien

1: Lichtregulation

Schlafqualität ist nicht nur abhängig von dem direkten Schlafumfeld wie z.B. Dunkelheit und Temperatur, sondern auch von der Funktion unserer Zellen und damit unseres Nerven- und Immunsystems. Gut einzuschlafen, fängt bereits morgens mit viel Sonnenlicht an. Der Medizinnobelpreis 2017 ging an eine Forschergruppe, die herausgefunden hat, dass unsere Zellen eine innere Sanduhr besitzen, die mit den ersten Sonnenstrahlen aktiviert wird und unsere Zellen etwa 16

Stunden später müde macht. Besser einschlafen? Früher aufstehen! Ab 90 Minuten vor dem Schlafengehen solltest du das Blaulicht deiner Technikgeräte mit einer Brille oder einem Bildschirmschutz filtern. Nachts solltest du darauf achten, dass du dein Zimmer vollständig abdunkelst.

2: Temperaturregulation

Achte darauf, vorm Schlafengehen zu lüften. Stelle die Heizung ab und versuche, die Raumtemperatur zum Schlafen unter 19 Grad einzustellen. Unser Nervensystem ist evolutionär auf Sicherheit getrimmt. Es will, dass du genug Kompetenzen und Ressourcen hast, um dich und deine enge Familie zu versorgen. Es will, dass du (im übertragenen Sinn) Feuer machen und kontrollieren kannst. Es will nämlich, dass du dich nicht überforderst und mehr Brände legst, als du kontrollieren kannst. Sowohl eine Unterforderung als auch eine Überforderung des Nervensystems führt daher zu Schlafproblemen. Man schläft schlecht, wenn man keine Kompetenzen hat „das Feuer" zu legen, aber auch, wenn man zu viele Brände hat, die man nicht gut kontrollieren kann.

3: Nährstoffregulation

Wenn unser Immunsystem chronisch aktiv ist wie bei einer Metaflammation, dann sind wir tagsüber müde und können nachts nicht richtig schlafen. Der beste Weg, diesen monotonen Teufelskreis zu durchbrechen, ist neben Aktivität, die gezielte Zufuhr von Lebensmitteln, die neben der Zellgesundheit vor allem auch hormonell unsere Erholung fördern. Um deine Schlafqualität zu verbessern, achte darauf tagsüber tryptophanhaltige Lebensmittel zu konsumieren, da diese an der Serotoninproduktion beteiligt sind und sich somit positiv auf dein Einschlafen am Abend auswirken können: Eier, Fisch, Geflügel, Kirschen, Kiwis, dunkle Schokolade, Bananen, Nüsse oder Avocados.

4 Schritte zur Verbesserung deiner Schlafqualität

1. *Deine Augen morgens 5-15 Minuten unmittelbar dem Sonnen-/Tageslicht aussetzen.*
2. *Tagsüber tryptophanhaltige Lebensmittel konsumieren.*
3. *Nachts dein Zimmer komplett abdunkeln.*
4. *Abends in den 90 Minuten vor dem Schlafengehen deine Augen vor Blaulicht schützen.*

Komm mach mit - morgen früh!

Morgenlicht Challenge

Nutze die Kraft der Sonne und wecke deinen Organismus bei Sonnenaufgang mit Tageslicht. Deine Aufgabe ist es, morgen früh bei Sonnenaufgang an die frische Luft zu gehen und deine Augen für 5 Minuten unmittelbarem Sonnenlicht auszusetzen. Schau dazu für eine Weile etwa 15 Grad NEBEN die Sonne.

Ehrlich!!

„So Christine, jetzt haben wir alle Methoden, die in deinem Insulinresistenzprotokoll in den nächsten vier Wochen vorkommen, besprochen. Hast du genug Infos, um loszulegen?"

Christine denkt nochmal kurz nach. „Wir haben Ernährung, Kälte, Atmung und Schlaf. Du hast bis jetzt noch gar nichts zu Dr. Bewegung gesagt. Oder kommt der in meinem Protokoll nicht vor?"

Dr. Bewegung

„Ach, das hätte ich jetzt tatsächlich fast vergessen. Wie konnte mir das denn passieren?“ Ben schüttelt seinen Kopf und schmunzelt. „Natürlich, also lass mal sehen, was Dr. Bewegung für dich vorsieht. Ganz einfach, dreimal in der Woche gehst du morgens nüchtern spazieren zwischen 45 und 60 Minuten. Dreimal in der Woche bewegst du morgens direkt nach dem Aufstehen deinen Körper für fünf Minuten durch und dann bringst du an dem Tag noch deine Muskeln für 30 Minuten zum Brennen. Und einmal in der Woche ist dein Motto ‘erst jagen, dann fressen’. An diesem Tag bewegst du dich vor jeder Mahlzeit des Tages fünf Minuten intensiv, z.B. 5x30-Sekunden-bewegen und eine 30-Sekunden-Pause. Du kannst Liegestütz machen, Kniebeugen, Hampelmänner, was dir gerade einfällt.“

„Kann ich dieses Muskeln-zum-Brennen-bringen auch im Fitnessstudio machen, wo ich ja sowieso hingehe?“, erkundigt sich Christine.

„Ja, vollkommen in Ordnung. Achte nur darauf, dass du deine Muskeln auch wirklich zum Brennen bringst.“

Frag Dr. Bewegung

Lange nüchtern bewegen

Lange nüchterne Bewegung ist eine fantastische Methode, um die Mitochondrien mal so richtig auf Vordermann zu bringen! Wandern und Fahrradfahren sind langsam genug um sie - trotz Energiearmut in der Zelle - konstant weitermachen zu können. Das entleert die Energie in der Zelle, wodurch das AMPK Enzym aktiviert wird. Dies ist mit der wichtigste Schalter für Mitogenese. Außerdem lernt der Körper durch solch eine Aktivität, Energie zwischen allen Organen frei hin- und her zu tauschen, was wiederum Insulinresistenz und Metaflammation reduziert.

Durch gefastete Muskelaktivität produzieren die Muskelzellen Interleukin-6. Ein wichtiger Immunbotenstoff, der auch als Myokin bezeichnet wird, wenn er aus dem Muskel kommt.

Muskeln zum Brennen bringen

Chronisch hohe Laktatspiegel, die bei einer chronischen Übersäuerung der Zelle entstehen, hemmen unser Immunsystem. Warum entstehen diese? Der anaerobe Stoffwechsel (ohne Sauerstoff) ist evolutionär deutlich älter als der aerobe Stoffwechsel (Mitochondrien). Deshalb fällt die Zelle bei (chronischem) Stress in den anaeroben Stoffwechsel „zurück". Akute Laktatspitzen über körperliche Bewegung sind allerdings wichtig für eine gute Immunfunktion und eine gute Gehirnfunktion. Chronische Übersäuerung ist also nicht hilfreich für das Immunsystem. Eine akute Übersäuerung jedoch schon.

Erst jagen, dann fressen

Muskelaktivität verändert den Stoffwechsel.

Seitdem es Kühlschränke und Lieferdienste gibt, sind wir nicht mehr darauf angewiesen, uns zuerst zu bewegen, um dann (fr)essen zu können. Das führt zu einem sehr modernen Problem. Eigentlich ist es so angelegt, dass durch Bewegung die Insulinresistenz an den bewegten Muskeln abnimmt, dann das Essen gegessen wird und daraufhin direkt in die Muskelzellen gelangt. Wenn man sich jedoch vorher nicht bewegt, sind Muskeln nicht voraktiviert und nehmen den Zucker weniger auf. Dieser lagert sich dann als Fett ein. Deswegen ist es besonders wichtig auf die Menge an Zucker und Stärke zu achten, wenn man sich vorher nicht viel bewegt hat. Ein Merkspruch dazu ist: „Zucker und Stärke muss man sich verdienen".

Bewegung hat auch viele Effekte auf andere Organe und Drüsen. So auch auf den Hypothalamus, der unseren Hunger reguliert. Ohne Bewegung zu Essen, führt zu einer erhöhten Kalorienaufnahme (im Verhältnis zum Energiebedürfnis) und damit zu Metaflammation.

Zusammenfassend ist zu sagen, dass Bewegung häufig und viel durchgeführt werden sollte. Unsere Brüder und Schwestern der Naturvölker gehen jeden Tag um die 15 Kilometer. Ein Schrittzähler (z.B. per Handy) ist ein super Werkzeug, um die eigene Grundaktivität zu testen. 10.000 Schritte pro Tag sind dabei ein wichtiges Ziel. 2-4x pro Woche sollte man Belastungsspitzen über HIIT(High Intensity Intervall Training) einbauen. Man weiß aus Untersuchungen mit chronischen Marathonläufern, dass ein Trainingsregime aus reinem aeroben Grundlagentraining NICHT so gesund ist, wie ein gemischtes Protokoll mit kurzen Belastungsspitzen in der Woche.

Vor allen Dingen organische Bewegung, die aus dem Bedürfnis und der Lebensfreude des Alltags entsteht, ist besonders gesund. Dazu gehören Gartenarbeit, Tragen, Werfen, das Spiel, Tanzen und Sex.

Bewegung moduliert 60% unserer 20.000 Gene und hat enorme Einflüsse auf unsere Epigenetik, auf unsere Hormone, unseren Stoffwechsel und unser Immunsystem. Bewegung ist so essenziell, dass bereits zwei Wochen körperliche Inaktivität bei jungen Männern eine Insulinresistenz auslöst.

Bewegung steckt auch voller unerwarteter Effekte. So führt viel Bewegung zum Beispiel zu einer Veränderung des Mikrobioms im Darm in Richtung der Bakterien, die B-Vitamine produzieren. So ist Bewegung eine der besten Sachen, die wir tun können, um unsere B-Vitamin-Versorgung zu optimieren.

Deine nächsten Schritte

- *Bewege dich viel (10.000 Schritte/Tag).*
- *Bewege dich ab und zu sehr intensiv (HIIT 2-4x pro Woche).*
- *Bewege dich organisch (möglichst viel Tanz, Spiel, Wandern, Tragen, Ziehen, Schieben, Zerren, Rangeln und Sex).*

„Jetzt haben wir aber wirklich alle Methoden zusammen. Hast du noch Fragen an mich, Christine?"

„Nein, ich bin jetzt tatsächlich startklar und mit dem Protokoll und den Rezepten mit allem ausgestattet, was ich brauche. Das Wichtigste habe ich erstmal verstanden." Dadurch, dass Ben schon einen Teil der Methoden wie Atmung und Bewegung mit ihr gemacht hatte, fühlt sie sich sicher und es hat ihr Spaß gemacht. Und sie hat erlebt, wie gut ihr Körper sich dadurch angefühlt hat. Sie hat jetzt maximal Bock auf die Veränderung.

„Großartig, Christine! Dann geht es jetzt in zwei Wochen mit einem Telefonat weiter." Ben lacht sie an, hält seine Hand hoch und sie schlägt ein.

Ab in die Aktion

Christine macht sich voll motiviert auf den Weg nach Hause. Ein bisschen raucht ihr noch der Kopf. Das ist ganz schön viel Input gewesen. Ob sie das wirklich schaffen kann? Sie hat ja immer noch Steffi zur Unterstützung. Und in zwei Wochen ist ja auch schon der nächste Termin mit Ben.

Zuhause angekommen fragt Klaus direkt nach: „Und Christine, wie war dein Termin mit diesem Ben?“

„Es war richtig gut. Er hat mir supergut erklärt, wie alles zusammenhängt und was ich jetzt machen soll und warum. Einige Sachen haben wir auch schon praktisch gemacht. Das fühlte sich auch richtig gut an. Stell dir vor, durch eine einfache Atemübung fühlten sich meine Schultern direkt viel lockerer an.“

„Und was soll diese Atemübung bringen?“ Klaus ist skeptisch.

„Klaus, genau das meinte Ben, dass Atmung total unterschätzt wird. Wenn man das nicht selbst probiert hat, weiß man ja gar nicht, wie gut sich das anfühlt. Wir haben unterschiedliche Atemübungen gemacht. Bei einer hält man eher die Luft an und bei einer anderen verlängert man die Ausatmung. Beides aktiviert den Teil vom Nervensystem, der für Entspannung zuständig ist. Und es hat noch was mit Sauerstoff und Kohlendioxid zu tun. Komm, ich zeig dir mal so eine Übung.“

„Ach ne, jetzt nicht“, meint Klaus. „Was hat der denn zu deinen Blutwerten gesagt?“

„Da ist mein größter Risikofaktor im Moment wohl meine Insulinresistenz. Dafür sind mein Nüchternblutzucker und meine Triglyceride nicht optimal. Aber auch mein Gewicht und mein Bauchfett sind etwas zu viel. Aber das hängt alles zusammen. Die Insulinresistenz ist wohl die Wurzel von allem Übel. Damit funktioniert mein Energiestoffwechsel nicht richtig. Und auf lange Sicht ist das der Risikofaktor für diese Zivilisationserkrankungen wie Bluthochdruck, Diabetes oder neurodegenerative Erkrankungen.

Man kann da ja auch einfach Blutdruckmedikamente nehmen oder bei Diabetes Metformin oder Insulin spritzen. Aber damit macht man ja nichts gegen die Ursachen. Ich möchte jetzt die Zusammenhänge verstehen und lieber jetzt präventiv etwas machen, bevor es nachher zu spät ist. Und bei Dieter hat es ja so gut geklappt, dass er seine Blutdruckmedikamente sogar absetzen konnte.“

„Und was sollst du jetzt dagegen machen?“

„Ich habe von ihm ein Protokoll bekommen. Jeden Tag steht eine Methode von den fünf Doktoren auf meinem Programm. Also jeden Tag irgendwas mit Kälte, Bewegung, Atmung, Ernährung und Schlaf."

„Und was soll das bringen?"

„Damit wecke ich meine Mitochondrien auf. Das sind die Kraftwerke in den Körperzellen, die machen Energie wie Atomkraftwerke. Und dann sprühe ich nur so vor Energie. Jetzt lese ich mir mal eben die Rezepte durch, die ich von Ben bekommen habe. Irgendwas muss ich mir für morgen vorbereiten und mit zur Arbeit nehmen. Das Frühstück fällt jetzt nämlich erstmal flach. Wie Steffi schon erzählt hat, steht jetzt auch bei mir das Intervallfasten auf dem Programm. Das heißt, nur zwei Mal am Tag essen zwischen 12 bis 20 Uhr. Hoffentlich ist was passendes dabei."

Christine blättert durch die Rezepte. Das hört sich doch alles lecker an. Zucchini-Spaghetti mit Bolognese, Gemüse-Hackfleisch Pfanne, Garnelen-Kokos-Curry (Rezepte im Anhang). Bei dem Brokkoli-Apfel Salat mit Pinienkernen bleibt sie hängen. Das lässt sich doch prima vorbereiten und mitnehmen. Oder ein griechischer Joghurt mit Beeren und Nüssen. Das kann sie sich immer schnell bei der Arbeit fertig machen. Für morgen entscheidet sie sich erstmal für den Brokkoli-Apfel Salat. Dazu fehlt ihr dann aber noch eine Eiweißquelle. Sie entschließt sich, zwei gekochte Eier mitzunehmen. Das ist unkompliziert und einfach.

Brokkoli-Apfel Salat mit Pinienkernen

Zutaten für 1-2 Personen

250 g Brokkoli

1 rote Paprika

1 Apfel

30 g Pinienkerne

1 EL Olivenöl

2 EL weißer Balsamico

2 TL Honig-Senf

Meersalz und frisch gemahlener Pfeffer

Zubereitung

Den Brokkoli waschen und in kleine Röschen teilen oder schneiden.

Wer den Brokkoli gerne warm oder etwas weicher mag, blanchiert ihn wenige Minuten in kochendem Salzwasser.

Apfel und Paprika waschen, entkernen und in kleine Stücke schneiden oder häckseln.

Die Pinienkerne in einer Pfanne ohne Fett rösten bis sie duften.

Jetzt einfach alles mit den übrigen Zutaten mischen und fertig!

Mit Meersalz und frisch gemahlener Pfeffer nach Geschmack würzen.

Und für abends sucht sie für sich und Klaus die Zucchini-Spaghetti mit Bolognese aus. Einen Spiralschneider muss sie auch noch besorgen, stellt sie fest. „Klaus, ich geh eben noch einkaufen."

Zucchini-Spaghetti mit Bolognese

Zutaten für 1 Person

100 g Rinderhackfleisch

1 kleine Zucchini

1 kleine Karotten

1/4 Sellerieknolle

1 Zwiebel

½ Knoblauchzehen

75 g passierte Tomaten

50 g Cocktailtomaten (oder gestückelte)

1 EL Tomatenmark

Salz, Pfeffer, Chili, etwas Paprikapulver

2 TL getrockneter Oregano

frische Petersilie (Handvoll)

etwas Olivenöl

Zubereitung

Für die Pasta Zucchini und Karotte im Spiralschneider zubereiten.

Zwiebel, Knoblauch und Petersilie klein hacken.

Sellerie, 1 Karotte und ggf. Zucchini-Reste“ (das Ende, das beim Spiralschneider übrigbleibt) in kleine Würfel schneiden.

Zwiebel und Knoblauch in etwas Olivenöl kurz andünsten, Hackfleisch dazugeben und auf hoher Hitze kurz anbraten.

Gemüsewürfel hinzufügen und bei mittlerer Hitze einige Minuten weiter dünsten. Tomatenmark dazugeben, kurz anbraten, mit den passierten und gestückelten Tomaten ablöschen und mit Gewürzen und Oregano abschmecken.

Bei schwacher bis mittlerer Hitze ca. 15 Min. weiterköcheln lassen.

Falls die Sauce etwas eindickt, mit etwas Wasser oder passierten Tomaten verflüssigen.

In der Zwischenzeit in einer zweiten Pfanne in etwas Olivenöl die „Spaghetti" für ca. 3-4 Min. andünsten.

Zuerst die Karotten und nach ca. 1 Min. die Zucchini hinzufügen.

Achtung: *die Zucchini ziehen sehr viel Wasser, wenn man Salz dazu gibt! Zum Schluss frische Petersilie in die Sauce geben und mit den Spaghetti anrichten.*

Vom Einkaufen zurück fängt sie direkt an, das Abendessen zuzubereiten. Dabei checkt sie noch kurz ihre Vorräte an Ölen. Sonnenblumenöl, Weizenkeimöl, Distelöl, Maiskeimöl, Rapsöl gehören alle nicht in eine gesunde Küche, hatte Ben gesagt. Darin sind zu viele Omega-6-Fettsäuren enthalten, die im Körper entzündungsfördernd wirken. Wir konsumieren heute circa 20-mal zu viel von den Omega-6-Fettsäuren im Verhältnis zu Omega-3. Und viele nehmen dann Leinöl, Leinsamen oder Walnüsse, um sich mit Omega-3 zu versorgen, was ja auch gut ist. Aber es ist ein Trugschluss, hatte Ben ihr erklärt. Die Omega-3-Fettsäuren aus Leinöl oder Walnüssen, genauer gesagt die Alpha-Linolensäure (ALA), werden nur zu einem sehr kleinen Anteil von 0-5% in EPA und DHA Omega-3-Fettsäuren umgewandelt. EPA und DHA sind die wichtigen, entzündungshemmenden Fettsäuren. Viele Fertigprodukte, Getreide, Fleisch aus Massentierhaltung und Pflanzenöle, aber auch vegane Brotaufstriche sind knallvoll mit den entzündungsfördernden Omega-6-Fettsäuren. Bei seinen Klienten misst Ben oft zu niedrige Spiegel von EPA und DHA in der Fettsäurenzusammensetzung. Bis auf Sonnenblumenöl findet sie keine weiteren schlechten Öle. Zum Glück ist die Flasche fast leer und sie entsorgt sie direkt im Müll.

Frag Dr. Ernährung

Omega-3-Fettsäuren EPA / DHA

Omega-3-Fettsäuren insbesondere EPA (Eicosapentaensäure) und DHA (Docosahexaensäure) sind essenzielle Fettsäuren. Sie müssen mit der Nahrung aufgenommen werden. Der Körper kann sie nicht selbst herstellen. Zu finden sind sie in fettem Fisch, Meeresfrüchten, Algen und zu einem kleinen Teil auch in Wild sowie Tieren aus artgerechter Haltung.

Gute Quellen für EPA und DHA

- *Hering*
- *Makrele*
- *Lachs*
- *Thunfisch (Vorsicht: Schwermetallbelastung!)*
- *Sardine*
- *Heilbutt*
- *Algen*
- *Nahrungsergänzung: Omega-3 oder Algenöl*

Aufgaben von EPA und DHA

EPA

- *Aufbau der Zellmembranen*
- *Entzündungshemmung*
- *Prävention von Herz-Kreislauferkrankungen*
- *Blutdrucksenkung*
- *Immunsystem*

DHA (Docosahexaensäure)

- *Fluidität und Flexibilität von Zellmembranen*
- *Fettbaustein für die Gehirnfunktion*
- *Prävention Alzheimer und Demenz*
- *Blutdrucksenkung*
- *Schutz vor Ablagerung in Gefäßen*
- *Fließeigenschaft des Blutes*
- *Entzündungshemmung*

Ein Mangel an Omega-3-Fettsäuren (EPA und DHA) begünstigt daher Entzündungen im Körper und die Entstehung von Herz-Kreislauferkrankungen, Bluthochdruck und Arteriosklerose. Das Risiko für niedriggradige Entzündungen wie bei der Metaflammation steigt.

Ein Verhältnis von Omega-6 zu Omega-3 (EPA und DHA) von weniger als 10:1 ist daher anzustreben. Das gelingt durch das Weglassen Omega-6-reicher Öle und Nahrung und die vermehrte Zufuhr von EPA und DHA über fetten Fisch (2-3mal die Woche) oder hochwertiger Nahrungsergänzung.

Omega-6-reiche Nahrung (zu vermeiden)

- *Sonnenblumenöl*
- *Weizenkeimöl*
- *Maiskeimöl*
- *Distelöl*
- *Traubenkernöl*
- *Mandelöl*
- *Kürbiskernöl*

Gute Fette / Öle

- *Olivenöl (nur Extra Virgin und gute Qualität!)*
- *Kokosöl*
- *Butter (vom Weiderind)*
- *Butterschmalz*
- *Schweineschmalz*

Omega-3 und COVID-19

In einer Pilotstudie aus den USA konnte gezeigt werden, dass eine höhere Konzentration an Omega-3-Fettsäuren im Blut das Risiko einer tödlichen Covid-19-Infektion um etwa 75 Prozent senken konnte. Die Gruppe untersuchte zu diesem Zweck Blutproben von 100 Covid-19-Erkrankten, die damit ins Krankenhaus eingeliefert wurden.[7]

In einer randomisierten Doppelblind-Studie mit 128 kritisch kranken COVID-19-Patienten konnte gezeigt werden, dass die Gruppe, die zusätzlich Omega-3-Fettsäuren erhielt, eine signifikant höhere Überlebensrate nach einem Monat hatte.[8]

„Klaus, kommst du? Das Essen ist fertig."

„Mmh, was gibt es denn?" Klaus kommt aus dem Wohnzimmer.

„Es gibt Bolognese mit Zucchini-Spaghetti."

Klaus freut sich auf die Spaghetti. „Ich dachte Nudeln stehen jetzt erstmal nicht mehr auf dem Speiseplan, wegen des Darms und der Kohlenhydrate."

„Deshalb sind die Nudeln ja diesmal auch aus Zucchini und Karotten gemacht. Hier probier mal."

Schon wieder keine Pasta. Aber Klaus will Christine ja unterstützen. Also versucht er, sich nicht zu beschweren: „Mmmh, auch ganz lecker, Christine."

---

[7] Asher, Arash, Nathan L. Tintle, Michael Myers, Laura Lockshon, Heribert Bacareza, and William S. Harris. 2021. „Blood Omega-3 Fatty Acids and Death from COVID-19: A Pilot Study." Prostaglandins, Leukotrienes and Essential Fatty Acids 166:102250.

[8] Doaei, Saeid, Somayeh Gholami, Samira Rastgoo, Maryam Gholamalizadeh, Fatemeh Bourbour, Seyedeh Elaheh Bagheri, Forough Samipoor, Mohammad Esmail Akbari, Mahdi Shadnoush, Fereshteh Ghorat, Seyed Alireza Mosavi Jarrahi, Narjes Ashouri Mirsadeghi, Azadeh Hajipour, Parvin Joola, Alireza Moslem, and Mark O. Goodarzi. 2021. „The Effect of Omega-3 Fatty Acid Supplementation on Clinical and Biochemical Parameters of Critically Ill Patients with COVID-19: A Randomized Clinical Trial." Journal of Translational Medicine 19(1):1–9.

Veränderung mit Rückenwind

Am nächsten Morgen als Christine aufwacht, macht sie noch direkt im Bett liegend die erste Atemübung: Hyperventilation mit Luftanhalten.

20x schnell ein- und ausatmen, 2 Sekunden durch die Nase einatmen, 2 Sekunden durch den Mund ausatmen. Anschließend hält sie die Luft an, so lange wie sie kann. Davon macht sie zwei Durchgänge. Beim Luftanhalten fängt ihr ganzer Körper an, etwas zu Kribbeln. Aber wie hat Ben gesagt: Ruhe bewahren. Du hast mehr als genug Sauerstoff in deinem Körper, um die nächsten Minuten ohne einen Atemzug verbringen zu können.

Am Ende vom Duschen lässt sie noch kaltes Wasser über ihre Beine und Arme laufen. Bauch, Rücken und Kopf spart sie erstmal aus. Aber so ist es wenigstens schon mal ein Anfang. An die Kälte will sie sich ganz langsam gewöhnen.

In der Küche macht sie sich ein großes Glas Keinpirinha zum Start in den Tag. Und dann steht ein 45-minütiger Spaziergang auf ihrem Plan, natürlich nüchtern. Dafür hat sie sich den Wecker extra früher gestellt, damit sie noch pünktlich bei der Arbeit ist. Gleichzeitig hat sie ja auch Zeit gespart, weil das Frühstück ausfällt. So früh war sie morgens noch nie unterwegs. Alles ist noch ganz ruhig, noch keine Hektik auf den Straßen. Das ist doch mal ein ganz anderer Start in den Tag, der ihr sehr gut gefällt.

Stolz und gut gelaunt macht sie sich dann auf den Weg zur Arbeit. Als sie so vor ihrem Rechner sitzt, fühlt sie in sich hinein. Fühlen sich ihre Schultern etwa schon lockerer an? Oder bildet sie sich das nur ein? Das kann doch nach einem Tag noch gar nicht sein, oder?

Gegen elf Uhr fühlt sie sich dann nicht mehr so gut, sondern wie unterzuckert. Ihr ist richtig flau. Normalerweise würde sie jetzt den ersten Snack im Büro essen. Aber sie will ja durchhalten bis 12 Uhr, nur noch eine Stunde. Das wird ja wohl zu schaffen sein, denkt sie sich.

Für den Fall hatte Ben ihr gesagt, soll sie sich bewegen oder ein Glas Wasser mit Himalayasalz trinken. Sie entscheidet sich für die Bewegung. Vor den Kollegen jetzt mit Kniebeugen anzufangen, ist ihr aber zu doof. Also geht sie ins Treppenhaus und läuft ein paarmal die Treppe in flottem Tempo auf und ab. Danach geht es ihr wieder gut und sie setzt sich erleichtert an ihren Arbeitsplatz zurück.

Jetzt freut sie sich schon richtig auf ihren Brokkoli-Apfel Salat und auf die beiden gekochten Eier. Um 12 Uhr ist es dann endlich so weit. In der kleinen Arbeitsküche schneidet sie noch schnell den Apfel und die Paprika klein und gießt das vorbereitete Dressing über ihren Salat.

„Christine, dein Essen sieht aber heute richtig gut aus", kommentiert ihr Kollege, während er in sein mitgebrachtes Brot beißt. „Da bin ich ja richtig neidisch!"

„Ja, schmeckt auch super. Ich hab mir vorgenommen, mehr auf meine Ernährung zu achten."

„Und worauf achtest du da?", hakt ihr Kollege nach.

„Ganz einfach auf den Punkt gebracht versuche ich das zu essen, was es in der Menschheitsgeschichte schon immer gegeben hat: Wurzeln, Pflanzen, Knollen, Fisch, Fleisch, Geflügel, Eier, Obst, Nüsse und Kerne. Und ich mache Intervallfasten."

„Ach, davon habe ich auch schon gehört. Das soll sich ja total positiv auf die Gesundheit auswirken!"

Frag Dr. Ernährung - Intervallfasten und Diabetes Typ 2

Positive Auswirkungen von Intervallfasten

- *Gewichtsabnahme*
- *Reduzierung von Nüchternglukose und Nüchtern-Insulin*
- *Reduzierung der Insulinresistenz*

In einigen Studien konnte gezeigt werden, dass Diabetes 2 umkehrbar ist. Die Notwendigkeit einer Insulintherapie konnte rückgängig gemacht werden.[9]

[9] Albosta, Michael and Jesse Bakke. 2021. „Intermittent Fasting: Is There a Role in the Treatment of Diabetes? A Review of the Literature and Guide for Primary Care Physicians." Clinical Diabetes and Endocrinology 7(1).

Die Risikogruppe verlassen

Nach der Arbeit ruft Christine erstmal ihre Freundin Steffi an, um ihr von den neuesten Entwicklungen zu berichten.

„Du Steffi, ich muss dir unbedingt was erzählen. Ich war ja so beeindruckt von dem, was du bei unserem Essen vor zwei Wochen erzählt hast. Gestern hatte ich jetzt selbst meinen ersten Termin mit Ben."

„Super, Christine. Und wie war´s?"

„Es hat sich voll gelohnt. Ich hab jetzt viel mehr verstanden, wie alles zusammenhängt. Ab jetzt werde ich auch von den fünf Doktoren begleitet. Es ist ja wirklich viel einfacher, als ich gedacht habe. Genau, wie du gesagt hast. Man muss ja nur einige Dinge besser vorbereiten, Essen anders planen und sich wirklich auch die Zeit für sich selbst nehmen."

„Und, stand bei dir auch die Insulinresistenz im Vordergrund?", fragt Steffi nach.

„Ja, bei dir auch? Ist ja auch kein Wunder. Ben sagte ja, dass circa 30 Millionen Deutsche davon betroffen sind. Stell dir mal vor, wie gesünder die Menschen sein könnten und wie viel Kosten man im Gesundheitswesen damit einsparen könnte, wenn alle nur ein bisschen mehr auf Ernährung, ausreichend Bewegung, ausreichend Schlaf und so weiter achten würden. Dann sähe es hier ganz anders aus."

„Ja genau. Und in Bezug zu Corona sähe es dann auch anders aus. Liest man doch immer wieder über die Risikofaktoren der Vorerkrankungen, aber nichts über die Lösungen. Wenn darüber auch mal mehr berichtet würde und welche Rolle noch einige Mikronährstoffe spielen, dann hätten zumindest noch mehr Menschen die Idee, dass sie selber etwas tun können. Dass sie dem nicht hilflos ausgeliefert sind. Vielleicht hätten sie dann auch weniger Angst", fügt Steffi hinzu.

„Steffi, am Sonntag steht eine lange nüchterne Wanderung auf meinem Plan. Hast du Zeit? Sollen wir das zusammen machen?"

„Ja, super gerne. Um 10 am Parkplatz an der Sandkuhle?"

„Ja, abgemacht. Ich freu mich!"

Faktencheck – Gesundheitssituation in Deutschland

Schlaganfälle	Neurodegeneration	Koronare Herzkrankheit	Diabetes
2 pro Min. 63.000 Tote pro Jahr	300.000 Neuerkrankte pro Jahr	125.000 Todesfälle pro Jahr	3 Tote und 4 Amputationen pro Stunde

Viszerale Adipositas (~45 Mio Deutsche)

Nicht-alkoholische Fettleber (~12 Mio Deutsche)

Insulinresistenz (~30 Mio Deutsche)

↑

METAFLAMMATION

(Chronische, lebensstilbedingte Energiestoffwechselstörung, die zu vielen chronischen Krankheiten führt)

Danach fängt Christine nochmal an, im Onlineportal vom Institut für Lebensstilmedizin zu lesen. Sie möchte noch mehr über den Energiestoffwechsel, das Immunsystem und den Zusammenhang mit COVID verstehen.

Faktencheck – Metaflammation und COVID

Körpergewicht und COVID

Um direkt alle Missverständnisse aus dem Weg zu räumen: Nur weil jemand schwer ist, ist er nicht gleich übergewichtig. Nur weil jemand Übergewichtig ist, hat er nicht automatisch viel Körperfett (er kann ja viele Muskeln haben) und selbst wenn jemand viel Körperfett hat, dann ist das nicht automatisch ungesund.

ABER: In den meisten Fällen geht ein sehr hohes Körpergewicht einher mit erhöhtem Körperfettanteil, welcher einhergeht mit erhöhter entzündlicher Aktivität des Bauchfettes, was einhergeht mit erhöhtem Risiko für chronische Krankheiten.

Es gibt einige Viren, die besonders gefährlich für Menschen mit viszeralem Körperfett und Metaflammation sind. Dazu gehört (im Gegensatz zur normalen Influenza) die H1N1 Influenza und das neue Coronavirus. Das hängt damit zusammen, dass diese beiden Virusformen eine spezielle Rezeptorklasse aktivieren (TLR4, MyD88), die bereits durch eine Metaflammation vorsensibilisiert wurden. So hat sich auch bei der COVID Pandemie gezeigt, dass das Körpergewicht ein signifikanter Risikofaktor ist. Besonders ein BMI über 30 und unter 18 erhöhen das Risiko deutlich.

Insulinresistenz und COVID

Im Kontext COVID konnte gezeigt werden, dass der TyG-Index (Verhältnis von Triglyceriden zu Nüchternblutzucker) deutlich mit der Schwere einer COVID-Infektion zusammenhängt.[10]

[10] Ren, Huihui, Yan Yang, Fen Wang, Yongli Yan, Xiaoli Shi, Kun Dong, Xuefeng Yu, and Shujun Zhang. 2020. „Association of the Insulin Resistance Marker TyG Index with the Severity and Mortality of COVID-19." Cardiovascular Diabetology 19(1):58.

Erhöhter Blutzucker und COVID

Chronisch erhöhter Blutzucker schädigt die Gefäße. Gesunde Gefäßwände sind sehr wichtig. Ihre erste Schutzschicht ist die Glycocalyx. Dies ist eine schleimartige Schutzschicht, die für die Gleitfähigkeit des Blutes sorgt und die Gefäßwand sicher abschirmt. Die äußere Schleimschutzschicht von Fischen ist ebenfalls eine Glycocalyx. So wie sich das Äußere eines Fisches anfühlt, so fühlt sich das Innere von gesunden Gefäßen an. Der Fisch flutscht dadurch besser durch das Wasser und das Blut wiederum fließt dadurch besser durch unsere Gefäße.

Blutzuckerspitzen und chronisch hohe Blutzuckerspiegel schädigen die Glycocalyx. Das erhöht den Blutdruck, weil die Gefäßwand weniger Entspannungssubstanzen produziert. Das wiederum erhöht die Scher- und Reibungskräfte an der Gefäßwand, was zu Mikroverletzungen führt, die dann vom Immunsystem mit Cholesterin geflickt werden (Arteriosklerose) und das führt dazu, dass das Blut in den feinen Gefäßendungen dazu neigt, zu verklumpen. Das ist besonders im Kontext von COVID-19 sehr gefährlich, weil die schweren Verläufe von COVID-19 zu verklumpten Lungengefäßen führen, die man selbst mit mechanischer Beatmung nicht behandeln kann.

Der Körper versucht den Blutzuckerspiegel immer eng bei etwa 80-100mg/dl zu halten, weil ein höherer toxisch ist. Viel Zucker bekommt der Körper schnell in den Muskeln verstaut (WENN wir uns viel bewegen) oder in den Fettzellen (was natürlich dann fett macht). Aber was dann noch übrigbleibt, schädigt die Gefäße und den Stoffwechsel.

HDL-Cholesterin und COVID

HDL-Cholesterin wird auch als „das gute Cholesterin" bezeichnet. Es kann dafür sorgen, Arteriosklerose wieder abzubauen. Es hilft auch dabei, Blutgefäße zu entspannen und das Blut flüssig zu halten. So reduziert es insgesamt deutlich das Risiko für kardiovaskuläre Erkrankungen und auch für schwere Verläufe von COVID19. HDL-Cholesterin ist sogar direkt antiviral gegen COVID19.

Diese antivirale Funktion von HDL ist lange bekannt. Natürlich hat man erst kürzlich herausgefunden, dass diese auch speziell gegen COVID19 gilt. Es ist sogar so, dass die antivirale Funktion von HDL am höchsten ist, wenn das HDL möglichst wenig Kontakt mit Zucker hatte. Denn wenn es Kontakt hatte, karamellisiert es. Dies ist ein weiteres Puzzleteil in der Erklärung, warum Menschen mit Blutzuckerregulationsstörungen

[11] Cho, Kyung Hyun, Jae Ryong Kim, In Chul Lee, and Hyung Jun Kwon. 2021. „Native High-Density Lipoproteins (HDL) with Higher Paraoxonase Exerts a Potent Antiviral Effect against Sars-Cov-2 (COVID-19), While Glycated HDL Lost the Antiviral Activity." Antioxidants 10(2):1–11.

häufiger und schwerer von COVID19 betroffen sind.[11]

Große Studien konnten zeigen, dass Menschen, die bereits Monate vor Infektion niedrige HDL-Level hatten, deutlich schwerer von COVID19 betroffen sind als Menschen mit guten HDL-Leveln, was uns ermöglicht, über die HDL-Level das Risiko eines schweren Verlaufs vorherzusagen.[12]

Blutdruck und COVID-19

Chronisch erhöhter Bluthochdruck führt zu vermehrten Scherkräften an den Gefäßwänden (vor allen Dingen in Kombination mit Schäden an der Glycocalyx), was zu veränderter Produktion von blutverdünnenden Substanzen an der Gefäßwand führt. Dann neigt das Blut dazu, zu verklumpen, was natürlich das Herzinfarktrisiko erhöht. Auch das Risiko für einen schweren Verlauf von COVID-19 erhöht sich, da die schweren Verläufe vor allen Dingen immer mit Blutgerinnungsstörungen assoziiert sind. Bluthochdruck ist ein Zeichen einer chronischen Metaflammation, daher haben Menschen mit Bluthochdruck auch fast immer entzündete Immunzellen, die spät und unpräzise reagieren und nicht gut in der Lage sind, sich selbst zu limitieren. Deshalb ist Bluthochdruck einer der wichtigsten Risikofaktoren für schwere Verläufe.

[12] Masana, Lluís, Eudald Correig, Daiana Ibarretxe, Eva Anoro, Juan Antonio Arroyo, Carlos Jericó, Carolina Guerrero, Marcel la Miret, Silvia Näf, Anna Pardo, Verónica Perea, Rosa Pérez-Bernalte, Núria Plana, Rafael Ramírez-Montesinos, Meritxell Royuela, Cristina Soler, Maria Urquizu-Padilla, Alberto Zamora, Juan Pedro-Botet, and STACOV-XULA research group. 2021. „Low HDL and High Triglycerides Predict COVID-19 Severity." Scientific Reports 11(1):7217.

Veränderung ist ansteckend

Am Samstag um 10 Uhr treffen sich Steffi und Christine für ihre gemeinsame, lange Wanderung. Christine hat sich für den Notfall, falls sie es noch nicht schafft, nüchtern zu bleiben, einen Apfel eingesteckt.

„Hallo Steffi! Schön, dass wir das gemeinsam machen."

„Hi Christine, ja finde ich auch. Was haben wir für ein Glück mit dem Wetter. Keine Wolke zu sehen, dann ist es immer umso schöner. Riech mal den Wald!"

Steffi ist neugierig: „Christine, erzähl mal, wie geht's dir denn mit deinem Plan von Ben?"

„Ich bin ja jetzt erst seit einer Woche dabei. Ich muss mich erstmal zurechtfinden und eingewöhnen. Den Tagesablauf besser planen. Du kennst ja die ganzen Methoden, oder? Kalte Dusche ist ja morgens schnell erledigt. Auch die Atemübungen sind schnell gemacht. Die Atemverlängerung kann man ja prima morgens machen oder abends vorm Schlafen. Für das 5-minütige Durchbewegen morgens muss ich mich irgendwie immer richtig aufraffen, aber wenn man es dann einmal gemacht hat, fühlt man sich direkt viel frischer und lockerer."

Steffi nickt zustimmend und Christine fährt fort: „Was ich vorher tatsächlich nicht so viel gemacht habe, sind lange Spaziergänge. Da muss ich mir extra Zeit einplanen. Aber am schwersten fällt mir gerade noch die Umstellung mit dem Essen und dem Intervallfasten. Da fehlt mir zwischendurch doch noch die Energie und dann will ich am liebsten schnell zu einem Snack greifen. Bisher konnte ich mich da gut mit Bewegungspausen oder einem Glas Wasser retten. Ich hoffe, das bleibt so."

Steffi teilt ihre eigenen Erfahrungen: „Das ging mir genauso. Du kennst ja meine ganz große Schwäche für Schokolade und Kuchen. Als Ben mit mir meine Gewohnheiten analysiert hat, meinte er, dass da für mich der größte Hebel liegt, um meine Insulinresistenz in den Griff zu kriegen und keine Snacks zwischendurch. Obwohl ich mich auch vor dem Programm schon relativ viel bewegt habe, konnten die negativen Auswirkungen von Kuchen und häufigem Essen durch die Bewegung nicht kompensiert werden. Er hat mir dunkle Schokolade mit einem Kakaoanteil über 85% empfohlen, aber nicht als extra Snack, sondern wenn, dann direkt nach einer Mahlzeit. Dunkle Schokolade enthält ja viel mehr Fett und weniger Zucker im Vergleich zu normaler Vollmilchschokolade. Und dann ist in der Rezeptliste ja auch das Rezept für Bananenbrot. Das habe ich mir dann öfter gemacht. Superlecker!"

Bananenbrot

Zutaten

4 reife Bananen

3 Eier

100g gemahlene Mandeln

100g Kokosraspeln

2 EL Kokosöl

1 TL Zimt (oder im Winter zusätzlich Lebkuchengewürz)

1 Kleine Prise Salz

Optional: Nüsse nach Wahl

Zubereitung

Den Backofen auf 180°C Ober- und Unterhitze vorheizen.

Drei der vier Bananen mit einer Gabel zerdrücken.

Zerdrückte Bananen und alle weiteren Zutaten in einer Schüssel vermischen. Alles mit der Gabel oder einem Handrührgerät vermengen, bis ein Teig entsteht.

Teig in eine Backpapier ausgelegte Kastenform geben.

Die vierte Banane der Länge nach halbieren, auf den Teig geben und etwas eindrücken.

Optional Nüsse über den Teig streuen.

Bananenbrot für 30-40 Minuten backen.

„Ach, dass die dunkle Schokolade so viel weniger Zucker enthält, wusste ich gar nicht. Und hast du denn jetzt dadurch die Insulinresistenz in den Griff bekommen?“

„Ja, Christine. Stell dir vor: Ich konnte meine Triglyceride in den ersten vier Wochen um circa 40% senken. Und der Nüchternblutzucker ist auch runtergegangen.“

„Wahnsinn, Steffi!“ Christine ist voller Anerkennung und zugleich voller Zuversicht, dass es bei ihr genauso gut laufen wird, wie bei Steffi. „Und wie habt ihr das mit dem Kochen gemacht? Klaus hat sich ja erstmal dagegen entschieden, auch mitzumachen. Das ist ja auch völlig in Ordnung. Jetzt will ich ihm natürlich auch nicht immer seine Nudeln, Brot oder Kartoffeln vorenthalten. Ich merke natürlich, wie er mich unterstützen will und deshalb nichts sagt.“

„Mit dem Kochen hatten wir es da natürlich viel einfacher, weil Dieter und ich das ja zusammen gemacht haben. Wir konnten bei der Rezeptliste also aus dem Vollen schöpfen. Aber so schwer ist das doch auch nicht mit Klaus. Bei unserem gemeinsamen Abend war er doch auch ganz zufrieden mit dem Ofengemüse. Wir machen mittlerweile auch kleine Ausnahmen, die wir dann aber richtig genießen!“

„Ja, das stimmt. Dann versuche ich einfach, eine gute Mischung für ihn hinzukriegen. Sein Frühstück morgens macht er sich ja sowieso alleine. Da kann ich dann nüchtern starten.“

„Merkst du denn schon eine Veränderung bei dir, jetzt nach dieser einen Woche?“ Steffi ist weiter sehr interessiert. Sie wünscht ihrer Freundin natürlich alle positiven Veränderungen, die sie selbst auch erlebt hat. Hätte sie vorher gewusst, dass sich ihre ganzen „Wehwehchen“ so gut durch den Lebensstil beeinflussen lassen, wäre sie schon viel eher damit angefangen. Das hat sie sich vorher nicht vorstellen können. Endlich schmerzen ihre Gelenke nicht mehr und sie ist voller Energie. Sie fühlt sich wacher und auch dieser „Gehirnnebel“ ist nicht mehr da.

„Steffi, ich wiege mich ja sonst nicht, aber ich habe in der Woche jetzt fast ein Kilo abgenommen. Ich will da jetzt auch nicht zu viel reininterpretieren, nach einer Woche, aber ich merke eine Tendenz, als wenn ich auch schon etwas mehr Energie hätte. Genau wie du es beschrieben hast.“

„Das freut mich echt, Christine. Weißt du, was ich bei mir selbst noch festgestellt habe? Irgendwie hat sich auch meine Wahrnehmung verändert. Vielleicht kam das durch die Atemübungen? Ich kanns gar nicht so genau sagen. Oder dadurch, dass ich mir mehr Zeit für mich selbst nehme? Wenn ich jetzt in der Natur bin oder auch schon alleine beim Autofahren, nehme ich Farben viel mehr wahr. Dann denke ich, wie blau der Himmel ist oder wie grün die Blätter an den Bäumen sind. Das war ja vorher auch blau und grün, aber ich hab´s nicht wahrgenommen. Oder ich freu mich einfach, wenn die Sonne scheint. Oder ich sehe auf einmal Formen oder Figuren in den Wolken.

Das fühlt sich gut an. Und ich bin dankbar dafür. Vorher war ich einfach immer so abgehetzt."

Christine hört ihrer Freundin Steffi weiter interessiert und verständnisvoll zu. „Mir ist das auch ehrlich gesagt, sehr schwergefallen, mir Zeit zu nehmen, für mich selbst. Vorher fühlte es sich so an, als würde ich einfach nur noch funktionieren. Da kam mir diese Kurzarbeit am Anfang der Pandemie eigentlich gerade richtig. Endlich hatte ich mal Zeit. Und mit diesen ganzen Lebensstiländerungen aus dem Programm, tauchte ja auch die Frage auf, wie ich eigentlich leben möchte. Wie viel macht man für sich? Und wie viel für andere? Wenn ich so zurückdenke, war ich immer für alle anderen da. Habe geholfen, bin eingesprungen, habe mich gekümmert, besonders in letzter Zeit um meinen kranken Vater. Das habe ich auch alles gerne gemacht. Alle können mit ihren Problemen immer zu mir kommen. Und wenn ich dann mal was für mich machen wollte, hatte ich immer direkt ein schlechtes Gewissen. Oder habe gedacht, das ist jetzt aber egoistisch von mir. In den letzten Wochen hat mich echt die Frage sehr beschäftigt, wie sehr ich eigentlich Dinge für mich selbst tun darf."

Christine nimmt Steffi einmal fest in den Arm. Das hat sie nicht gewusst, wie sehr Steffi damit am Kämpfen war. Steffi hat immer den Eindruck gemacht, dass ihr alles leichtfällt und sie alles mit Links schafft. „Und, hast du schon eine Lösung für dich gefunden?"

„Ich arbeite dran. Ich versuche, mir ganz bewusst, Zeiten in meinen Kalender zu planen, die nur für mich sind. Und ich versuche, Grenzen zu ziehen. Da bin ich gerade auf einem echt guten Weg. Das gibt mir Kraft und Energie und dann kann ich auch wieder besser für die anderen da sein."

Christine fällt noch was ein: „Steffi, mir fällt jetzt noch ein weiser Satz ein. Den hat vor langer Zeit eine ältere Kundin zu mir gesagt. Sie meinte: Wenn man immer 150% gibt, wird irgendwann eine Zeit kommen, wo man nur noch 50% geben kann. Sie hatte damit verdammt recht, finde ich."

„Ja, da ist was dran. Also am besten bei 100% bleiben oder immer etwas darunter, dann hat man immer noch was in Reserve. Das merk ich mir."

Christine: „Ja genau. Gleich sind wir wieder am Auto, oder? Die Zeit ging aber schnell rum. Und den Apfel hab ich gar nicht gebraucht."

„Siehst du, ist gar nicht so schwer, nüchtern zu bleiben und sich dabei zu bewegen.

Christine ist stolz auf sich. Kein einziges Mal hatte sie Hunger während der Wanderung. Dieses flaue Gefühl, was sie im Büro gehabt hat, ist auch nicht aufgetreten. „Läuft bei mir, Steffi! Danke, dass du mich begleitet hast."

Zum Abschied umarmen sie sich nochmal und nehmen sich vor, das jetzt öfter gemeinsam zu machen.

Chronisch krank

Als Christine nach Hause kommt, traut sie ihren Augen nicht. Sie findet Klaus in der Küche mit den Rezepten von Ben.

Klaus strahlt sie an. „Du hast jetzt bestimmt Hunger, nach der langen Wanderung, oder? Ich hab da schon mal was für uns vorbereitet, einfach Rührei mit geräuchertem Lachs. Ich kann ja noch eine Scheibe Brot dazu essen."

Christine ist ganz gerührt von Klaus Aktion und Unterstützung. Damit hat sie nicht gerechnet. Eigentlich hat sie noch keinen Hunger und ist noch voller Energie. Aber so setzen sie sich gemeinsam auf die Terrasse in die Sonne und spätstücken.

Klaus: „Wird jetzt aber auch Zeit für mich, dass ich etwas esse. Viel länger hätte ich jetzt nicht mehr warten können. Mir ist schon ganz komisch."

Christine muss schmunzeln über seinen Kommentar. Ist Klaus jetzt etwa auch nüchtern geblieben bis zum Mittag? Hat er jetzt etwa doch auch Interesse an dem Programm?

„Wie geht es denn jetzt mit deinem Plan von Ben weiter?", erkundigt sich Klaus.

„Erstmal bleibt alles so. Jeden Tag eine Methode der fünf Doktoren. In einer Woche habe ich nochmal einen Coaching-Call mit ihm. Mal sehen, worum es dann geht. Da bin ich schon ganz gespannt."

Nach dem Spätstück macht Christine es sich auf der Terrasse bequem und liest noch etwas in dem Onlineportal von Ben. Diesmal zum Thema „Gesundheitssituation in Deutschland".

Rührei mit geräuchertem Lachs

Zutaten für 2 Personen

5 Eier

1 Paprika

2 Frühlingszwiebeln

150 g geräucherter Lachs

Frische Kräuter (Schnittlauch, Thymian etc.)

Olivenöl

Salz. Pfeffer

Zubereitung

Paprika und Frühlingszwiebeln in kleine Würfel, den Lachs in etwas größere Stücke schneiden.

Frische Kräuter klein hacken.

Eier mit etwas Pfeffer, Salz und 1 EL Wasser verquirlen.

Etwas Olivenöl in einer Pfanne erhitzen.

Paprika und Frühlingszwiebeln dazugeben und für 2-3 Minuten dünsten.

Hitze etwas reduzieren und die Eier dazugeben.

Die Eiermasse etwas stocken lassen und dann unter gelegentlichem Rühren für ca. 2-3 Minuten weiterbraten.

Bevor die Eier fertig sind, die Lachsstücke und die frischen Kräuter (etwas zum Garnieren auf der Seite lassen) unterrühren und für ca. 1 Minute fertig braten.

Faktencheck
Gesundheitssituation in Deutschland

Mal kurz rausgezoomt

Bevor wir nach Deutschland schauen, wollen wir mal aus der Vogelperspektive betrachten, wo wir herkommen und wie wir dahin gekommen sind, wo wir jetzt gerade sind. Dann können wir anfangen, zu verstehen, wo es hingehen kann.

Wir als moderne Menschen, auch genannt Homo sapiens, stammen von einer Linie von Menschenaffen ab, die im östlichen Afrika, der Wiege der Menschheit, ihren Ursprung findet. Vor etwa 300.000 Jahren haben wir uns aus unseren Vorgängern, dem Australopithecus herausdifferenziert. Der Australopithecus war nur etwa 130 cm groß und wog um die 35 kg. Er hat schon den aufrechten Gang beherrscht und war kurz davor, den dicht besiedelten Wald gegen die Savannen und Steppenlandschaften einzutauschen, in denen wir als Homo sapiens die ersten 250.000 Jahre unserer Existenz verbracht haben.

Die primären Gefahren, denen wir ausgesetzt waren, waren das Verdursten, das Verhungern, das Ertrinken, Gewalt, Hitze, Kälte und natürlich Infektionen.

Gegen all diese Gefahren hatten wir inzwischen schon ausgeklügelte Abwehrmechanismen. Immerhin hatten wir bis dato schon über 4 Milliarden Jahre Evolution hinter uns. Der älteste Keim des Lebens ist auf diesem Planeten immerhin etwa 4,1 Milliarden Jahre alt.

Evolution von Schutzsystemen

Gegen das Verdursten *entwickelten sich über Millionen von Jahren Salzregulationssysteme sowie unser Nierensystem.*

Gegen das Verhungern *entwickelte sich über Millionen von Jahren die Fähigkeit zur selektiven Einspeicherung und Mobilisation von Energie in Form von Körperfett.*

Gegen das Ertrinken *hat sich unsere Nase (im Gegensatz zu unseren affenartigen Vorgängern) nach unten ausgerichtet, so dass wir auf einmal in der Lage waren, tiefe Gewässer zu durchqueren, ohne zu ertrinken.*

Für den Umgang mit Gewalt *entwickelten wir die Fähigkeit zu Rennen und zu werfen (eine Fähigkeit, die kein anderes Tier besitzt) sowie ausgeklügelte Stressaktivierungssysteme.*

Gegen Hitze *entwickelten wir das Schwitzen, auch eine brandneue Fähigkeit, die vor uns noch kein anderes Tier hatte. Das hat uns ermöglicht Antilopen zu jagen. Sie sind zwar deutlich schneller als wir, aber wir überhitzen nicht, da wir schwitzen können.*

Gegen die Kälte *haben wir über viele Millionen Jahre die Fähigkeit entwickelt, Kalorien per zellulärem Kurzschluss in Wärme umzuwandeln. Außerdem hat sich unsere Schilddrüse als zentrales Temperaturregulationsorgan entwickelt.*

Ja und gegen die Infektionen *hat sich unser Immunsystem sowie die Möglichkeit der Entzündung entwickelt.*

Komfort: Die moderne Gefahr

Die meisten unserer frühen Vorfahren sind an Hunger, Durst, Gewalt, Hitze, Kälte oder Infektionen verstorben. Seit der moderne Mensch mit Entwicklung der Agrarkultur vor etwa 10.000 Jahren sesshaft geworden ist und spätestens seit der Erfindung der Dampfmaschine, der Glühbirne und der Industrialisierung im 18. Jahrhundert, sind wir mit keiner dieser Gefahren mehr konfrontiert.

Wir leiden keinen Hunger mehr, wir leiden keinen Durst mehr, wir leben größtenteils, ohne die Gefahr von Tieren oder anderen Menschen getötet zu werden und wir haben wohltemperierte Häuser, die uns konstant bei 18-24 Grad beherbergen. Seit der Keimtheorie verstehen wir, wie Infektionen entstehen und haben mit Desinfektion, Antibiotika und Impfungen potente Waffen gegen Infektionen entwickelt.

Wir waren einmal darauf angewiesen, uns fast den ganzen Tag zu bewegen, um genug Nahrung sammeln zu können, nur um zu überleben. Heute ist Bewegung nicht mehr wichtig für das ÜBERleben.

Die größte moderne Gefahr ist, dass wir keine Gefahren mehr haben. Und daraus resultiert die Pandemie der Moderne: chronische Erkrankungen.

Die modernen Todesursachen

Bis vor wenigen hundert Jahren sind wir primär an ansteckenden Erkrankungen („communicable diseases“) und Naturgewalt verstorben. So sterben auch heute noch unsere genetisch identischen Brüder und Schwestern der Naturvölker.

Dafür war ein stark ausgeprägtes Stresssystem und ein stark aktives Immunsystem sehr überlebensnotwendig.

Heute sterben wir fast ausschließlich an Krankheiten, die auf ein chronisch aktiviertes Stress- und Immunsystem und den daraus folgenden Energiestoffwechselstörungen zurückzuführen sind.

Zu diesen nicht-ansteckenden Erkrankungen („non-communicable diseases“) gehören die Herz- und Gefäßerkrankungen, Diabetes Typ 2, Schlaganfälle, Organverfettungen, Übergewicht und sogar ein großer Teil der neurodegenerativen Erkrankungen wie Morbus Alzheimer und Morbus Parkinson sowie Autoimmunerkrankungen und Krebserkrankungen.

Medikamentennutzung in Deutschland

Die Anzahl der verschriebenen Medikamente nimmt in Deutschland seit den 1960er Jahren stetig zu. Inzwischen haben etwa 50% aller über 65-Jährigen mindestens eine chronische Erkrankung. Jede zweite Pille für Männer ist dabei ein Herz-Kreislauf-Medikament. Herz-Kreislauf-Erkrankungen wie hoher Blutdruck und Herzinfarkte sind bei Naturvölkern so gut wie gar nicht existent.

Medikamentenausgabe (gesamt) in Deutschland

Auch seit Beginn der 2000er ist die Anzahl der ausgegebenen Medikamente in Deutschland Jahr für Jahr angestiegen. Viele ältere Menschen haben zahlreiche Medikamente in ihrem täglichen Programm. Nochmal: Naturvölker können auch bis zu 80 Jahre alt werden und haben dabei so gut wie keine Stoffwechselerkrankungen und nutzen keine Medikamente. Bei der Multimedikation ist ab einem gewissen Punkt manchmal nur noch schwer zu unterscheiden, welcher Teil der Symptomatik durch eine Erkrankung ausgelöst wird, und welcher durch Nebenwirkungen oder Interaktionen der verschiedenen Medikamente. Etwa 5% aller Arztbesuche sind auf Nebenwirkungen von Medikamenten zurückzuführen (mit einer deutlich höheren Dunkelziffer).

Welche Medikamente brauchen die Deutschen?

Die meistgenutzten Medikamente in Deutschland sind Medikamente zur Regulation eines fehlangepassten Energiestoffwechsels. Dazu gehören Blutdruckmedikationen, Medikamente zur Blutfettreduktion, zur Blutzuckerregulation und zur Regulation der Verdauung. Das sind alles Situationen, die nachweislich vermeidbar und durch Lebensstilinterventionen in den meisten Fällen reversibel sind.

Blutzuckerregulationsstörungen und Diabetes

Sowohl weltweit als auch in Deutschland sind Blutzuckerregulationsstörungen und Diabetes Typ2 deutlich auf dem Vormarsch. Alleine in Deutschland haben inzwischen 10 Millionen Menschen Diabetes Typ 2 und insgesamt etwa 30 Millionen Menschen einen Pre-Diabetes (Insulinresistenz), wovon 30-50% Diabetes entwickeln werden. 90% der Menschen mit Insulinresistenz wissen noch nicht, dass sie daran leiden.

Top Arzneimittel in Deutschland

(nach verordneten Tagesdosen, 2019)

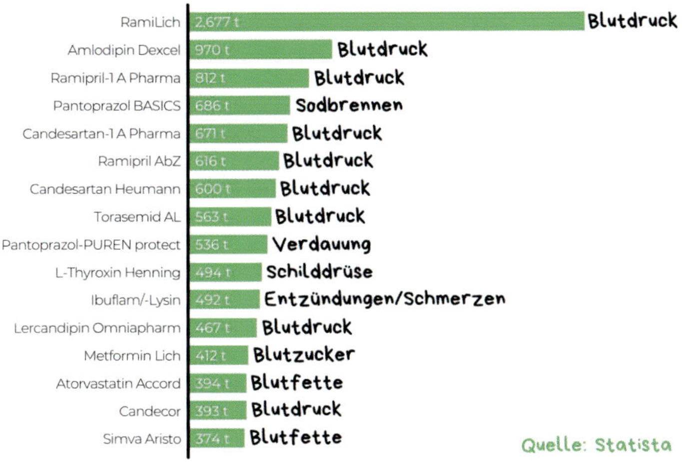

Erst wenn 80% der Bauchspeicheldrüsenzellen kaputt gegangen sind, wird die Insulinresistenz als Diabetes diagnostizierbar. Das ist unnötig, denn Diabetes ist einerseits eine komplett vermeidbare Lebensstilerkrankung und andererseits selbst bei diagnostiziertem Diabetes in über 50% der Fälle nur über Lebensstilinterventionen komplett reversibel.

Diese Lebensstilinterventionen sind über 10 Jahre gesehen sogar deutlich kostensparender im Vergleich zu einer medikamentösen Erhaltungstherapie. Und entgegen vielen Mythen ist Diabetes Typ 2 nicht die Folge von Übergewicht, sondern Diabetes und Übergewicht sind die gemeinsame Folge einer Insulinresistenz. Eine Insulinresistenz liegt im Schnitt bei 30% aller Deutschen vor. Sie zeigt sich bei 90% aller Menschen mit Bluthochdruck, Blutzucker- und/oder Blutfettstoffwechselstörungen und auch bei etwa 10% aller Menschen ohne Bluthochdruck, Blutzucker- und/oder Fettstoffwechselstörungen.

Diabetes in Deutschland

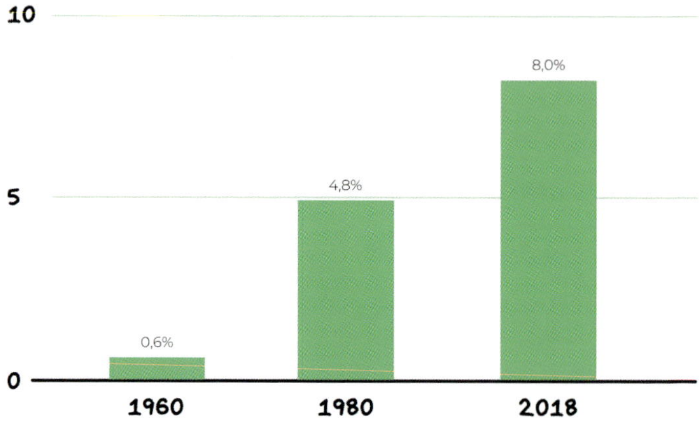

Quelle: Bundesgesundheitsblatt

Chronisch gesund

Eine Woche später ist es so weit und Christine hat ihren ersten Coaching-Call mit Ben. Den machen sie zusammen als Videokonferenz. So können sie sich sehen, und Ben kann ihr über den Monitor auch Unterlagen zeigen.

„Christine, erzähl mal! Wie geht es dir? Was hat sich in den letzten zwei Wochen bei dir getan?“, fordert Ben sie auf.

Christine überlegt kurz und zieht dann ihr Fazit: „Ich hab jetzt fast zwei Kilo weniger auf der Waage. Und das, ohne dass Gefühl gehungert zu haben. Ich konnte mich ja immer an deinen Rezepten satt essen. Na ja, in der ersten Woche war es ganz schön schwer. Aber dann wurde es einfacher.“

„Super, Christine. Das bedeutet, dass du schon einen großen Schritt in die richtige Richtung gemacht hast. Dein Stoffwechsel ist schon flexibler geworden. Wenn du das Intervallfasten so gut verträgst, heißt das, dass deine Mitochondrien wieder besser arbeiten. Was ist dir noch aufgefallen?“

„Ben, ich wage das noch gar nicht laut zu sagen, aber meine lästigen Verspannungen im Schulterbereich werden auch schon besser. Ich kann das noch gar nicht glauben. Bei unserem ersten Termin haben wir ja diesen Test mit der Atmung und der Beweglichkeit gemacht. Da hast du gesagt, es kann auch am Stress liegen, dass meine Schultern immer so verspannt sind. Kannst du mir das nochmal genauer erklären?“

„Da kommen jetzt mehrere Dinge zusammen, Christine“, erklärt ihr Ben. „Stress führt immer zu erhöhter Muskelspannung. Das ist evolutionär in uns festgelegt. Früher bedeutete Stress 'Kampf oder Flucht' um zu überleben, dafür war eine hohe Muskelspannung sinnvoll. Früher dauerte die Gefahrensituation aber nur kurze Zeit an. Heute haben wir eher Dauerstress, dafür sind wir nicht gemacht. Durch die Methoden der fünf Doktoren, insbesondere der Atemverlängerung oder im Wald sein, hast du den Teil deines Nervensystems trainiert, der für Entspannung wichtig ist. Dann sehe ich Muskelverspannungen immer als ATP- also Energiemangel in der Muskulatur. Mit allen fünf Doktoren hast du jetzt an deinem Stoffwechsel und der Energiebereitstellung gearbeitet. Generell kann deine Muskulatur nur gut funktionieren, wenn die richtigen Mikronährstoffe vorhanden sind. Mit Dr. Ernährung hast du viel mehr grünes Blattgemüse gegessen als vorher. Damit hast du unter anderem mehr Magnesium zugeführt. Magnesium ist immens wichtig für die Muskulatur und den Energiestoffwechsel und zur Entspannung. Und so kommt eins zum anderen. Ist doch super, wenn die Verspannungen besser sind.“

Faktencheck Stress - Emotion ohne Motion

Die Stressantwort in unserem Körper ist dafür da, Energie zu mobilisieren, damit wir in Bewegung kommen (Kämpfen oder Fliehen). Vom Gehirn werden Stresssignale an unsere Nebennieren weitergegeben, die dann Adrenalin und Cortisol ausschütten. Dadurch wird Zucker mobilisiert und der Blutzucker steigt an. Die Muskelspannung steigt, die Zellen produzieren vermehrt Energie (ATP), die Gefäße verengen sich und unsere Verdauung bekommt weniger Durchblutung. Das Immunsystem wird aktiviert, damit es uns im Falle einer Verletzung im Kampf direkt regenerieren kann und von Keimen befreien kann. In einer akuten Situation, die immer dicht gefolgt wird von harter körperlicher Bewegung, ist das eine superwichtige evolutionäre Fähigkeit.

DR. ERNÄHRUNG

Folgt nach Stress (EMOTION) allerdings keine Bewegung (MOTION) und das sogar chronisch, dann haben wir chronisch hohen Blutzucker, der nicht verbraucht wird. Dann haben wir hohe ATP-Level in den Zellen, die sich als Folge chronisch entzünden. Dann haben wir chronisch enge Gefäße, die den Blutdruck ansteigen lassen. Dann haben wir chronisch hohe Muskelspannung, die zu Verspannungen und Schmerzen führt. Und wir haben einen chronisch unterversorgten Verdauungstrakt, der dann weniger Enzyme produziert, wodurch die Schleimhaut geschädigt wird, und das Mikrobiom verändert sich. Chronische Stoffwechselstörungen werden weiter begünstigt. Außerdem haben wir ein chronisch aktiviertes Immunsystem, welches dann chronisch entzündet ist. Chronischer Stress (ohne Bewegung) macht chronisch krank.

„Ok, Christine. Dann kommen wir mal zum heutigen Coachingteil. Zunächst geht es darum, dass du dir ein Ziel setzt. Bei unserem ersten Termin hast du ja mehrere Sachen angesprochen. Welches Ziel steht für dich im Vordergrund?"

„Muss ich mich jetzt auf ein Ziel festlegen?", vergewissert sich Christine. Ben nickt. „Dann ist mir die Gewichtsreduktion am wichtigsten. Ich möchte, dass mir alle meine Hosen wieder so gut passen wie vor Corona. Und mit dem Bauchfett waren ja diese Entzündungsbotenstoffe verbunden. Die will ich natürlich auch loswerden. Für die bessere Funktion von meinem Immunsystem."

„Ok. Dann kommt jetzt der nächste Schritte. Bitte bewerte mal auf einer Skala von eins bis fünf. Wie stark sind dein Glaube, dein Wille und deine Bereitschaft zur Veränderung?"

Christine überlegt. Dann bewertet sie ihren Glauben an Veränderung mit einer Vier, ihren Willen und ihre Bereitschaft zur Veränderung mit einer Fünf.

„Erzähl mal was dazu, warum sind Wille und Bereitschaft bei fünf und der Glaube an Veränderung bei vier?", hakt Ben weiter nach.

„Ben, ich hab maximal Bock auf die Veränderung, und mein Wille ist auch maximal. Sonst wär ich ja gar nicht zu dir gekommen. Jetzt nach zwei Wochen sind ja auch schon die ersten Veränderungen eingetreten. Das hält meine Motivation oben. Ich merke, wie es mir besser geht. Beim Glauben bin ich immer zurückhaltend. Ich glaub das immer erst, wenn es wirklich so ist. Und auch über einen längeren Zeitraum so bleibt und nicht nur kurzfristig. Ich hoffe, dass ich da dranbleiben kann."

Komm mach mit - jetzt!

Jetzt bist du selbst an der Reihe. Wieviel Bock auf Veränderung hast du?

1 = nicht sehr stark.
5 = sehr stark.

WIE STARK IST DEIN
GLAUBE AN VERÄNDERUNG?

1 5

WIE STARK IST DEIN
MUT FÜR VERÄNDERUNG?

1 5

WIE STARK IST DEINE
KOMPETENZ FÜR VERÄNDERUNG?

1 5

Bist du zufrieden mit deinen Antworten? Wünschst du dir hier eher eine 5? Oder eher eine 1?

„Gut Christine, dann kommen wir zum nächsten Coachingwerkzeug. Jetzt geht es um dein Umfeld, dein Zuhause, deine Arbeit, deine Freizeit oder wenn du alleine bist. Es gibt ja überall potentielle negative Trigger, die dir das Dranbleiben erschweren können. Deine Aufgabe ist es, für jeden Bereich mal einen negativen Trigger rauszusuchen und den durch eine positive Lösungsstrategie zu ersetzen. Mit welchem Bereich willst du starten?“

Komm mach mit - jetzt!

Jetzt bist du selbst an der Reihe. Schau dir die vier Bereiche an und sammle im Minus-Feld negative Trigger, die dich davon abhalten, das zu tun, von dem du weißt, dass es dir guttut. Notiere im Plus-Feld mögliche positive Alternativen.

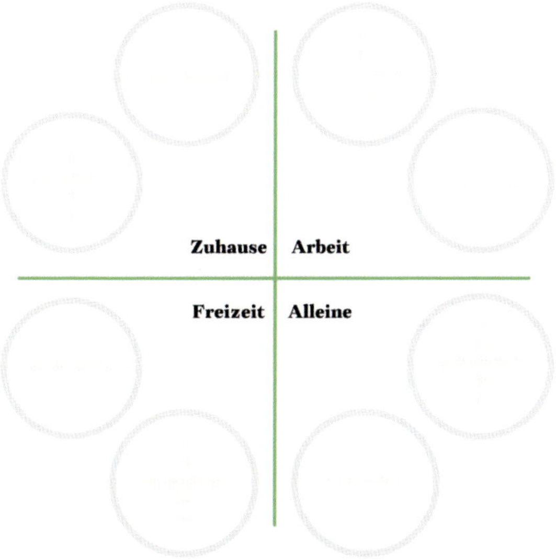

War die Übung schwer? Oder fiel es dir leicht? Haben dich manche Antworten selbst überrascht? Wie viele deiner Ideen kannst du tatsächlich umsetzen?

„Dann fange ich mal bei der Arbeit an. Falls ich vormittags Hunger bekommen sollte, habe ich eine Zitrone oder Limette parat und mache mir damit ein großes Glas Wasser oder ich mache mir einen Tee mit Ingwer und Zimt. Und dann stehen meistens noch irgendwo Süßigkeiten rum. Da habe ich dann als gesunde Alternative gemischte Nüsse in der Schublade. Oder wir stellen eine Schale mit frischem Obst dazu. Wenn ich alleine bin oder auch für zuhause: erst gar nichts Süßes kaufen. Bei Einladungen mit Freunden kann ich selbst einen Kuchen backen, bei dem ich Mehl ersetze durch Nussmehle oder gemahlene Nüsse und Zucker durch Honig. Oder ich bereite dann gerne einen Nachtisch vor."

„Super, Christine! Dann bleibt jetzt noch dein Zuhause."

„Ja, das Zuhause. Da könnte es schwer für mich werden, mich nicht von Klaus anstecken zu lassen, wenn er Nudeln essen möchte. Also nicht in alte Muster zurückfallen. Ich glaube, da hilft mir Vorbereitung und Planung der Mahlzeiten. Mein Ziel vor Augen haben und wie gut ich mich dann fühle, wenn mir alle Hosen wieder passen."

„Das hört sich klasse an, Christine." Ben bestätigt und motiviert sie in ihren Lösungsstrategien. „Wichtig ist, dass du jedes Mal deine positive Strategie als Gewinn feierst."

„Ich geb mein Bestes", antwortet Christine stolz.

„Prima. Wenn du keine Fragen mehr hast, sind wir dann für heute fertig."

Dann vereinbaren sie noch einen neuen Termin in zwei Wochen. Für den Termin lässt Christine dann erneut ihre Blutwerte testen, damit sie mit den Ausgangswerten zu Beginn des Programms verglichen und Fortschritte dadurch sichtbar gemacht werden können.

In den nächsten beiden Wochen versucht Christine, sich so gut wie sie es schafft, an ihr Protokoll zu halten. Jeden Tag stehen ihr dabei die fünf Doktoren zur Seite. Gutes, natürliches Essen, Freude an Bewegung, guter Schlaf, Kältereize und Fokus auf Atmung.

Von den Atemübungen gefällt ihr am besten die Atemverlängerung. Hier kommt sie immer zur Ruhe und Entspannung, einfach mal kurz raus aus dem Alltag und achtsam abschalten. Es kann so einfach sein.

Am nächsten Wochenende versucht sie, Klaus zu motivieren, sie auf einer ihrer langen Wanderungen zu begleiten.

Klaus kommt gerade frisch geduscht aus dem Badezimmer. Beim Duschen hat er wieder nicht darauf geachtet, dass Christine vor ihm das Wasser auf eiskalt gestellt hat. Und zack, prasselt auch schon das kalte Wasser auf seinen Körper. Erschrocken weicht er zurück und dreht den Thermostat auf warm. Brrh, wie schafft sie das nur? Dann versucht er, auch mal kurz seine Unterschenkel kalt abzubrausen.

Christine hat mit Dr. Kälte mittlerweile richtig Freundschaft geschlossen. Ihr macht es gar nichts mehr aus, ihren ganzen Körper kalt abzuduschen. Das tut ihr jeden Morgen richtig gut. Danach fühlt sie sich frisch und voller Energie.

Insgeheim bewundert Klaus Christine für ihr Durchhaltevermögen. Und er beobachtet, wie es ihr Stück für Stück besser geht. Sie hat mehr Energie und klagt nicht mehr so über ihre verspannten Schultern. Eigentlich fällt ihm gerade auf, dass sie ihre Schulterschmerzen schon seit einer Woche nicht mehr erwähnt hat.

„Klaus, kommst du heute mit auf einen langen Spaziergang?"

„Ach, Christine, du weißt doch, dass dann immer meine Knie anfangen, weh zu tun. Das halte ich nie lange durch."

Christine seufzt unbemerkt in sich hinein. Nach allem, was sie bis jetzt von Ben gelernt hat, können die Knieschmerzen von Klaus auch eine Folge von Metaflammation sein, jahrelange niedriggradige Entzündung als Entstehungsmechanismus für Arthrose. Gut zu beeinflussen mit entzündungshemmender Ernährung und gerade auch mit Bewegung.

„Ben würde jetzt sagen: 'If you don't use it, you lose it' und 'Bewegung schmiert die Gelenke'. Wir können auch eine Radtour machen, wenn das für deine Kniegelenke besser funktioniert", schlägt sie daher vor.

„Das geht wahrscheinlich tatsächlich besser", meint Klaus und so einigen sie sich auf eine Radtour und fahren los.

„Christine, wie lang geht dein Programm mit Ben denn jetzt noch?", erkundigt sich Klaus.

„Jetzt noch eine Woche und dann ist der Abschlusstermin."

„Und haben sich deine Erwartungen erfüllt? Du wolltest ja vor allem mehr Energie und weniger Verspannungen? Gerade hab ich noch gedacht, dass du deine Schultern gar nicht mehr erwähnt hast in der letzten Woche."

„Da sagst du was, Klaus. Tatsächlich, das war mir selbst noch gar nicht so bewusst. Ich hab die Schultern in der letzten Woche gar nicht mehr gemerkt. Und mehr Energie habe ich auch. Sonst fiel mir das Aufstehen morgens immer so schwer." Christine freut sich.

Zweieinhalb Stunden sind sie unterwegs. Sie genießen die Natur und die frische Luft. Klaus hat vorher auch nichts gegessen. Zum ersten Mal macht er jetzt die Erfahrung, dass er auch nüchtern aus dem Haus gehen kann, ohne sich dabei unterzuckert zu fühlen. Die Bewegung tut ihm gut und er fühlt sich nach der Radtour lebendig und voller Tatendrang. Damit hat er nicht gerechnet, dass das so einen großen Unterschied macht. Ob das Programm doch was für ihn ist?

Die Resultate

Heute hat Christine ihren Abschlusstermin bei Ben. Die aktuellen Blutwerte in der Tasche klingelt sie am Institut. Ben begrüßt sie wieder freundlich und sie setzen sich zusammen an den Tisch im Besprechungszimmer.

„Hallo Christine, schön, dass du da bist. Ich sehe es dir schon an." Ben lacht. „Es hat sich einiges bei dir getan in den letzten vier Wochen. Ich bin schon ganz gespannt auf deine Blutwerte. Aber bevor wir anfangen mit den Messungen von Blutdruck und Bauchumfang und der Berechnung deiner Werte mit der Software, erzähl doch mal. Was fiel dir leicht? Was fiel dir schwer in den letzten vier Wochen?"

Christine beginnt zu erzählen und zieht ihr vorläufiges Fazit. „Die kalten Duschen fallen mir leichter als gedacht. Das ist automatisch zur Routine geworden. Jeden Morgen nach dem Duschen noch das Wasser kaltstellen. Die Atemverlängerung gefällt mir besonders gut, damit starte ich oft in den Tag. Oder ich mache sie abends vorm Schlafen, zum Ausklang des Tages. Dabei lasse ich dann den Tag Revue passieren und denke nochmal daran, was gut gelaufen ist und wofür ich dankbar bin. Die Luftnotübung mit Luftanhalten und Bewegen mache ich oft einfach zwischendurch. Die Übung mit der Hyperventilation hab ich eher vernachlässigt. Da kann ich gar nicht sagen, warum."

Ben nickt und hört weiter aufmerksam und neugierig zu. Christine fährt fort: „Mein Schlaf hat sich verbessert. Wenn ich es nicht vergesse, trage ich abends meine Blaulichtfilterbrille und vermeide es, in den PC zu schauen. Die Ernährung umzustellen mit den langen Essenspausen, war am Anfang schwer. Jetzt klappt das gut. Aber da muss ich dir gestehen, dass ich in der Zeit doch mal ein Eis und ein Stück Kuchen gegessen habe. Das brauchte ich da einfach mal. Nudeln wegzulassen, fällt mir gar nicht mehr schwer. Und wenn ich doch mal eine Scheibe Brot gegessen habe, habe ich direkt gemerkt, dass mein Darm das gar nicht mehr haben möchte. Da kam ich mir direkt etwas aufgebläht vor, dann hab ich´s lieber wieder weggelassen."

Ben nickt nochmal. Das hat er schon sehr oft von seinen Klienten gehört. Wenn man Getreide für vier Wochen weglässt, signalisiert der Körper anschließend, dass ihm Getreide eigentlich gar nicht gut gefällt.

„Und wie sieht es mit Bewegung aus?", fragt Ben nach.

„Das habe ich auch versucht, so gut wie möglich zu schaffen. Das habe ich aber etwas abgewandelt. Die langen Spaziergänge habe ich nur am Wochenende nüchtern gemacht. In der Woche war mir das vor der Arbeit zeitlich zu knapp. Dann habe ich die nachmittags nach der Arbeit gemacht. Ich hoffe, das war auch in Ordnung. Muskeln zum Brennen bringen, dafür war ich ja weiter zweimal in der Woche im Fitnessstudio. Und dann muss ich dir gestehen, an einem Tag in der Woche sollte ich ja immer vorm Essen mich fünf Minuten bewegen. Das hab ich oft vergessen. Zack, war das Essen schon aufgegessen. Dafür habe ich dann eine andere Routine eingeführt: Mehr Bewegungspausen bei der Arbeit. Erstens habe ich mehr meinen höhenverstellbaren Schreibtisch genutzt und im Stehen gearbeitet. Und dann bin ich jedes Mal, wenn ich zur Toilette musste, wirklich im Treppenhaus einmal die Treppe hoch und runter gerannt. Davon haben meine Muskeln auch gebrannt und ich war richtig außer Atem. Ich hoffe, das zählt auch."

Ben nickt wieder und bestätigt sie: „Christine, letztendlich muss es ja in deinen Tagesablauf passen. Ich find es klasse, dass du gute Alternativen eingebaut hast. Die Hauptsache ist, dass du deine Mitochondrien immer wieder herausgefordert hast. Dann werfen wir jetzt nochmal einen Blick auf das 'Rad des Lebens' und die '6S'. Wo machst du heute die Kreuze?"

Christine markiert nochmal auf dem „Rad des Lebens", wie viel Aufmerksamkeit sie den einzelnen Lebensbereichen widmet. Und bei den „6S" beurteilt sie nochmal ihr aktuelles Befinden in den sechs Kategorien Stärke, Schlaf, Stimmung, Schmerz, Stress und Steifigkeit.

Dann vergleichen Ben und Christine ihre neuen Einschätzungen mit denen vor vier Wochen.

Ben: „Schau mal Christine, in den Bereichen Physis, Emotionen und Zeit bist du jetzt bei jeweils Vier. Gestartet bist du da jeweils mit einer Drei. Und bei der Arbeit bist du jetzt bei einer Vier, vorher bei Fünf."

Christine überlegt kurz. „Das ist ja interessant mit der Arbeit. Ich hab gar nicht das Gefühl, dass ich da bewusst was geändert habe. Bei Physis, Emotionen und Zeit ist das ja ganz bewusst, dass man mit dem Programm mehr für sich selbst macht. Mit den Emotionen hätte ich auch nicht gerechnet, aber durch die Atemübungen und Achtsamkeit dabei, fühlt man mehr in sich rein und nimmt Dinge bewusster wahr. Aber ist ja auch logisch, dass sich das Rad des Lebens insgesamt ändert, wenn man an einzelnen Bereichen was ändert."

Bei den „6S" haben sich Stärke, Schlaf und Stimmung verbessert und Schmerz, Stress und Steifigkeit sind weniger. Schmerz und Steifigkeit sind sogar bei Null.

„Christine, was ist denn bei den '6S' los. Schmerz und Steifigkeit gibts du heute mit einer Null an. Klasse!", freut sich Ben mit Christine.

Christine: „Ben, da bin ich dir so dankbar. Meine Verspannungen in den Schultern und die damit verbundene Steifigkeit sind tatsächlich weg. Ich kanns kaum glauben, so lange hab ich mich damit rumgequält."

Ben: „Christine, die Veränderung bist du selbst. Ich habe dich lediglich dabei an die Hand genommen und dich inspiriert und motiviert."

Danach misst Ben ihren Bauchumfang, Gewicht, ihren Blutdruck und gibt diese Werte inklusive der Blutwerte vom Arzt erneut in die Software ein.

„Du hast insgesamt vier Kilo abgenommen in den vier Wochen", bemerkt Ben. „Und dein Bauchumfang ist auch drei Zentimeter weniger."

„Ja, genau. Der Coronaspeck ist wieder weg. Meine Hosen passen mir alle wieder", freut sich Christine.

„Dein Blutdruck ist normal. Das war er vorher ja auch. Dann schauen wir mal, was die anderen Werte sagen. Dein Langzeitblutzucker und deine Blutfette liegen weiter im optimalen Bereich, wie vorher. Dein Body-Mass-Index liegt jetzt durch die Gewichtsabnahme wieder im normalen Bereich. deinem Taillenumfang liegt jetzt im normalen Bereich.

Auch das Verhältnis von Größe zu deinem Taillenumfang liegt jetzt im normalen Bereich. Das liegt daran, dass der Bauchumfang sich reduziert hat."

„Und was heißt das jetzt für mich?", fragt Christine nach.

„Das bedeutet vor allem, dass du in diesen Bereichen deine Risikofaktoren stark senken konntest."

„Und was ist mit meiner Insulinresistenz, das war ja die Wurzel von allem Übel?", erinnert sich Christine.

„Da haben sich deine Werte von den Triglyceriden und dem Nüchternblutzucker auch deutlich verbessert. Aber die Software gibt noch kein grünes Licht. Da bist du noch haarscharf dran vorbei. Aber es fehlt echt nicht mehr viel."

„Und was bedeutet das jetzt für mich?" Christine ist etwas enttäuscht.

„Christine, du bist auf genau dem richtigen Weg. Das braucht einfach nur noch etwas mehr Zeit. Du hast alles richtig gemacht. Feier mal deine Erfolge bei der Gewichtsabnahme und dem Bauchumfang." Ben hält seine Hand hoch und sie schlägt ein. „Sei stolz auf das, was du bis jetzt erreicht hast!"

Ben hat ja so recht, beruhigt sich Christine. Sie ist ja erst seit vier Wochen dabei. Da kann ja noch nicht alles optimal und perfekt sein. Aber es ist der richtige Weg zur Veränderung. Das spürt sie ganz genau.

„Christine, im nächsten Schritt geht es jetzt darum, dass du dir auf deinem weiteren Weg der Veränderung aus den Methoden der fünf Doktoren einfache Rituale auswählst und in deinen Kalender einplanst. Nach dem Motto: Und täglich grüßt das Murmeltier. Diese Routinen bringen dich dann täglich deinem Ziel näher."

Christine denkt nochmal kurz nach. „Eigentlich kann ich es so weitermachen, wie ich vorhin beschrieben habe. So fällt es mir leicht und ist gut in meinem

Tagesablauf umsetzbar. Kalte Dusche und Atemverlängerung sind eh schon zur Routine geworden.

An das Stehen bei der Arbeit muss ich mich immer wieder dran erinnern. Fitnessstudio ist ja mit Steffi eh immer geplant. Und die langen Spaziergänge trage ich mir dann tatsächlich in meinen Kalender ein. Das Essen behalte ich so bei, mit vielen Faserstoffen, Eiweiß und Intervallfasten. Aber da werde ich mir hier und da auch mal eine Ausnahme gönnen."

„Das hört sich nach einem sehr guten Plan an. Christine, hast du sonst noch eine Frage an mich?"

„Ja, Ben. Eine Frage habe ich tatsächlich noch. Ich habe jetzt verstanden, welchen Einfluss die fünf Doktoren auf Stoffwechsel und damit auf das Immunsystem haben und wie stark Stoffwechsel und Immunsystem zusammenhängen und wie man seine individuellen Risikofaktoren senken kann. Kann ich darüber hinaus mein Immunsystem noch präventiv unterstützen? Man liest ja über Vitamin D, Vitamin C oder Zink? Was meinst du dazu?"

Mikronährstoffe

„Sehr gute Frage, Christine. Ich schlage vor, dass wir mal deinen Vitamin-D-Spiegel und deinen Fettsäurestatus bezüglich deiner Omega-3-Versorgung messen und dann erstelle ich dir gerne einen Plan, mit welchen Mikronährstoffen du dein Immunsystem zusätzlich präventiv unterstützen kannst."

Faktencheck - Mikronährstoffe & COVID

Unsere Immunzellen benötigen - wie jede Zelle im menschlichen Körper - ausreichend Mikronährstoffe für optimale Funktionsfähigkeit. Diese Mikronährstoffe sind wie kleine Arbeiter, die in der Zellmanufaktur dafür sorgen, dass Dinge erledigt werden.

Essentielle Mikronährstoffe werden NICHT in ausreichenden Mengen vom Körper selber hergestellt. Wir sind darauf angewiesen, diese aus der Nahrung zu extrahieren.

Besonders in den letzten 30 Jahren hat die Mikronährstoffdichte unserer Nahrung deutlich abgenommen.[13] *Die europäischen Institute behaupten in immer wiederkehrenden Pressemitteilungen zwar, dass dies nicht der Fall sei, jedoch liefern sie dazu keine stichfesten Quellenangaben und einige Pressemitteilungen behaupten zwar in ihrer Überschrift, dass es keine Unterschiede gäbe, jedoch zeigt eine Analyse der Rohdaten, dass der Nährstoffgehalt in der Tat deutlich abgenommen hat.* [14]

---

[13] Davis, Donald R., Melvin D. Epp, and Hugh D. Riordan. 2004. „Changes in USDA Food Composition Data for 43 Garden Crops, 1950 to 1999." Journal of the American College of Nutrition 23(6):669–82.

[14] Höhn, Ernst and Ulrich Künsch. 2004. „War Gemüse Früher Wirklich Nährstoffreicher?" 11(1):22–27.

Der Mikronährstoffgehalt in heutigem Gemüse im Vergleich zu vor 30 Jahren:

- *Magnesium -29%*
- *Eisen -16%*
- *Kupfer -57%*
- *Zink -35%*
- *Vitamin B2 -32%*
- *Vitamin C -22%*

Gründe dafür sind Monokulturen, Genzucht, Pestizide und die steigenden CO2-Level in unserer Atmosphäre (CO2 ist der primäre Nährstoff für Pflanzen). Dadurch ist in den letzten 50 Jahren stetig der Zuckergehalt von Getreide/Gemüse gestiegen und der Mikronährstoffgehalt gesunken. Dies betrifft primär sogenannte C3 Pflanzen. Dazu gehören Reis, Getreide und Kartoffeln.

Der Biostatistiker Irakli Loladze erforscht dieses Phänomen seit über 20 Jahren und bezeichnet moderne Pflanzen daher als „Junk Food Pflanzen".

Warum redet darüber kein Ernährungsexperte? Weil die meisten davon nichts wissen. Das ist ein blinder Fleck der Medizin und Ernährungswissenschaft.[15]

Hinzu kommt, dass viele moderne Nahrungsmittel die Aufnahme von Mikronährstoffen reduzieren. So reduzieren die Phytate aus Getreide zum Beispiel deutlich die Aufnahme von Zink, Kupfer, Magnesium und die Aufnahme von Zucker reduziert die Aufnahme von Vitamin C, da beide sich denselben Transport im Darm teilen.

Ein weiterer Faktor ist, dass wir einige Vitamine und Nährstoffe einfach nicht mehr in ausreichenden Mengen aufnehmen. So haben wir zum Beispiel in kalten Gefilden Fischleber konsumiert, um an große Mengen Vitamin D zu gelangen, weil in den kalten Gefilden die Sonnenexposition nicht ausreicht, um ausreichende Vitamin D Spiegel zu erreichen. Heute konsumieren wir kein Lebertran mehr, sind wenig an der Sonne und so kommt es, dass in Deutschland laut Daten des Robert-Koch-Instituts nur 38% aller Deutschen ausreichend mit Vitamin D versorgt sind.[16] *Und das RKI definiert eine „ausreichende" Versorgung als Vitamin D Spiegel über 20ng/ml. Internationale Fachgesellschaften halten allerdings erst Werte ab 30ng/ml für ausreichend.*

---

[15] https://www.politico.com/agenda/story/2017/09/13/food-nutrients-carbon-dioxide-000511/

[16] Rabenberg, Martina and Gert Mensink. 2016. „Vitamin-D-Status in Deutschland." 1(2).

Vitamin D und COVID

Inzwischen gibt es 113 publizierte Interventionsstudien, von denen 89% einen positiven Effekt von Vitamin D im Kontext COVID-19 zeigen (aktuellste Daten unter www.vdmeta.com).

Es zeigt sich, dass Menschen mit höheren Vitamin-D-Spiegeln ein deutlich niedrigeres Risiko für einen schweren Verlauf haben. Eine Interventionsstudie aus Barcelona zeigte auch, dass die Gabe von Vitamin D ab dem Zeitpunkt der Infektion das Risiko für einen schweren Verlauf um 82% senken kann, und das Sterberisiko um 52% senken kann.

Vitamin D findet sich vor allem in Fischleber/Lebertran, Lachs, Hering, Sardinen, und Eigelb. Außerdem wird Vitamin D in unserer Haut und Niere produziert, wenn wir direkten Sonnenkontakt haben. Je vertikaler die Sonneneinstrahlung (Sommer/Äquator), je unbedeckter die Haut (Sonnencreme/Kleidung) und je länger die Sonnenexposition desto höher die Vitamin D Produktion. In Deutschland sind im Sommer täglich 20 Minuten Sonnenexposition in Badekleidung notwendig, um den Vitamin D Bedarf zu decken. Im deutschen Winter reicht die Sonneneinstrahlung nicht aus, um den Vitamin D Bedarf zu decken.

Zink und COVID

Auch für Zink zeigt sich, dass COVID-19 Patienten deutlich niedrigere Zinklevel haben als die Normalbevölkerung. In den größten wissenschaftlichen Zusammenfassungen (Cochrane Reviews) hatte sich bereits vor COVID gezeigt, wie wichtig Zink in der Prävention von Infektionserkrankungen ist.[17] Zink ist ein wichtiger Immunregulator, der vor allen Dingen eine überschießende Immunreaktion wie beim Zytokinsturm verhindern kann.

Die wichtigsten Zinkquellen sind Rindfleisch, Fisch, Eier, und Meeresfrüchte.

Der beste Weg sicherzustellen, dass man eine ausreichende Mikronährstoffversorgung für optimale Immunfunktion hat, ist es viel natürliches Fleisch (Fisch, Geflügel und Vierbeiner) und Gemüse zu essen.

---

[17] Singh, Meenu and Rashmi R. Das. 2012. „Cochrane Review: Zinc for the Common Cold." Evidence-Based Child Health: A Cochrane Review Journal 7(4):1235–1308.

Nährstoffarme Nahrungsmittel:

- *Getreide & Mehlprodukte*
- *Nudeln, Kekse, Kuchen, Brot*
- *Fertignahrungsmittel*
- *Süße Getränke*
- *Pflanzenöle*

Menschen, die auf eine nährstoffdichte Nahrung umsteigen, also vermehrt echtes Gemüse, echten Fisch, echtes Fleisch essen, berichten von einem deutlich veränderten Hungergefühl. Hunger ist nicht mehr so unangenehm, tritt seltener auf und hat eine geringere Intensität.[18] Das liegt daran, dass bei Mikronährstoffmängeln ein intensives Hungersignal ausgelöst wird. Denn an Kalorien mangelt es in unserer Nahrung nicht, sondern an Mikronährstoffen.

Zum Schluss vereinbaren die beiden noch einen neuen Termin in drei Monaten, um die Werte nochmal zu checken. Dann verabschieden sie sich.

Stolz, dankbar und strahlend kommt Christine nach Hause und erzählt Klaus von ihren Erfolgen. Durch den Vorher-Nachher-Vergleich der objektiv messbaren Werte, aber auch durch „das Rad des Lebens“ und die „6S“ ist ihr nochmal ihr Fortschritt bewusster geworden.

---

[18] Fuhrman, Joel, Barbara Sarter, Dale Glaser, and Steve Acocella. 2010. „Changing Perceptions of Hunger on a High Nutrient Density Diet.“ Nutrition Journal 9(1):1–13.

Veränderung ist eine Entscheidung

Klaus ist hin- und hergerissen. Er kämpft immer noch mit seinem inneren Schweinehund und seiner Bequemlichkeit. Immerhin hat er jetzt auch schon 1,5 Kilo abgenommen. Das kam ganz von alleine, ohne Anstrengung. Er hat ja durch die Nahrungsumstellung mit Christine auch weniger Kohlenhydrate und Zucker gegessen. Wenn Christine am Wochenende ihre langen, nüchternen Spaziergänge gemacht hat, hat er auch versucht, so lange nüchtern zu bleiben, bis sie wieder zurück war. Das hat auch gut geklappt. Und die lange Radtour hat ihm ja auch gutgetan.

Einmal hat er sogar eine Atemübung ausprobiert. Die hat er sich von Christine abgeschaut. Zuerst hat er sich nach vorne gebeugt, um zu testen, wie weit er runterkommt. Dann eingeatmet, ausgeatmet, Luft angehalten und so viele Kniebeugen gemacht, bis er wieder atmen musste. Dann noch mal getestet, wie weit er runterkommt. Tatsächlich ist er dabei weiter runtergekommen und es hat sich nicht so steif angefühlt. Die Atmung hat also irgendetwas Positives bewirkt.

Durch die Gespräche mit Christine und den Erfolg, den sie und auch Steffi und Dieter mit dem Programm gehabt haben, ist ihm letztendlich nochmal bewusster geworden, wie wichtig es ist, sich um seine eigene Gesundheit zu kümmern. Mit den fünf Doktoren hat man da ja ein mächtiges Tool in der Hand. Und ihm fällt der Spruch von Pfarrer Kneipp ein: „Gesundheit bekommt man nicht im Handel, sondern durch Lebenswandel."

In letzter Zeit hat Klaus vermehrt auf die Meldungen in den Medien bezüglich Corona geachtet. Dabei ist ihm nochmal aufgefallen, dass immer wieder berichtet wird, dass ein Großteil der Erkrankten auf den Intensivstationen Vorerkrankungen hat.

Für Klaus scheint es daher jetzt immer wichtiger, seine Risikofaktoren zu reduzieren. Eigentlich möchte er sich ja auch schon lange fitter fühlen. Man lebt ja nur einmal, und Gesundheit ist und bleibt das teuerste Gut. Wenn nicht jetzt, wann dann, denkt er sich. Er gibt sich einen Ruck und wählt Bens Nummer.

„Institut für Lebensstilmedizin, Sie sprechen mit Ben Meyer", meldet sich eine Stimme.

Die Praxis - „Wecke deine Organe auf!“

Insgesamt ist für uns im gesamten Immunsignatur Prozess wichtig, dass klar wird, dass Gesundheit WEIT über das „Weglassen von Risikofaktoren“ hinausgeht und sogar ziemlich wenig damit zu tun hat. Wenn man in seinem Leben nichts ändert, außer alle Risikofaktoren zu reduzieren, dann ist das ein eingeschränktes und oft auch ungesundes Leben. Diese Strategie führt nicht zu besserer Stoffwechselgesundheit, sondern zu Griesgrämigkeit, häufig zu Müdigkeit und dem Verlust von Lebensfreude. Auch mit einem Haufen Nahrungsergänzungsmitteln oder Medikamenten kann dieser generelle Fehlkurs nur selten kompensiert werden.

Hormesis ist die Antwort! Hormesis ist die VIA POSITIVA. Der positive Weg des Wachstums. Jedes Organ braucht Herausforderungen! Mit dem Prozess der Immunsignatur erwecken wir alle Organe wieder zum LEBEN!

Die Methoden der Immunsignatur wecken all deine Organe auf! Mit den hormetischen Reizen der fünf Doktoren werden deine Organe herausgefordert und so im Wachstums- und Regenerationsmodus gehalten. Sie bleiben dadurch lebendig!

Wecke dein Gehirn auf!

Dein Gehirn ist für Bewegung gemacht! Nur Lebewesen, die sich bewegen, haben ein ausgeklügeltes Nervensystem. Je komplexer und variantenreicher sie sich bewegen, desto komplexer und funktionsfähiger ist das Gehirn. Vergleiche zum Beispiel mal die Nervensysteme von Bäumen mit Säugetieren. Oder die von Würmern mit Säugetieren. Ein eindrückliches Beispiel für dieses Prinzip ist die Seescheide. Die Seescheide ist ein Unterwasserlebewesen. Genauer gesagt ist es ein Tier. Dieses Tier bewegt sich in jungen Jahren viel im Wasser. Für die Orientierung und Bewegung wird das Gehirn benötigt. In späteren Phasen des Lebens wächst es an einem Stein fest und verdaut dann auch relativ schnell das eigene Gehirn, weil es nicht mehr benötigt wird. Auch unser Gehirn wächst und regeneriert, wenn es vielseitig gefordert wird.

Vor allen Dingen durch vielseitige Bewegung. Körperintelligenz ist ganz eng mit Intelligenz gekoppelt. Wer sich variantenreich und geschmeidig bewegt, ist fast immer (street)smart. Daher kommt der Spruch: „Wer mit 40 keinen Arsch mehr in der Hose hat, hat mit 60 kein Hirn mehr im Schädel“. Die Römer haben dazu gesagt: „Mens sana in Corpora sano“, ein gesunder Geist in einem gesunden Körper. Auch Nahrungsumstellungen zeigen deutliche Effekte auf das Gehirn, weil es Stammzellen anregt. Selbst ein Gehirn mit Neurodegeneration hat noch etwa 10.000 Stammzellen pro

QuadratMILLIMETER. Deshalb werden diese Nahrungsumstellungen in allen modernen Therapien bei Neurodegeneration eingesetzt. Diese Nahrungsumstellungen erhöhen auch die regenerative Kapazität im Falle eines Schlaganfalls, weil die Zellen sich schneller und besser regenerieren.

Wecke deine Bauchspeicheldrüse auf!

Deine Bauchspeicheldrüse mag es gar nicht, wenn sie chronisch und dauerhaft gefordert wird. Wenn du ständig isst, dann muss sie konstant Hormone (Insulin) und Enzyme (Bauchspeicheldrüsensekret) ausschütten. Davon kann sie chronisch krank werden. Auch die Bauchspeicheldrüse braucht mal Pause. Das regeneriert die ß-Zellen (insulinproduzierende Zellen) der Bauchspeicheldrüse.

Wecke deine Schilddrüse auf!

Nahrungsüberversorgung (zu wenig jagen, zu viel fressen) führt zu einer Ausschüttung von „Sattheitshormonen". Diese nennen sich Leptine. Sie werden von Fettzellen ausgeschüttet. Bei CHRONISCHER Nahrungsüberversorgung gibt es CHRONISCH hohe Leptinlevel und das führt zu einer LEPTINRESISTENZ im Gehirn, genauer gesagt im Hypthalamus. Dadurch wird das Gehirn „taub" gegenüber den Leptinen. Das „Sattsignal" kommt nicht mehr im Gehirn an. Das führt zu konstantem Hunger und einem „Überlebensstress" des Gehirns. Es entstehen chronische innere Unruhe und chronischer Hunger.

Organe, die im „Überlebensstress" nicht notwendig sind, werden „abgeschaltet". Dazu zählen die Fortpflanzungsorgane und die Schilddrüse.

Bewegung vor der Nahrungsaufnahme ist eine wichtige Methode, um die Schilddrüse (und die Fortpflanzungsorgane) gesund zu halten.

Auch Kälte ist ein wichtiger hormetischer Reiz für die Schilddrüse. Sie ist eines unserer zentralen Wärmeregulationsorgane und muss besonders aktiv werden, wenn es mal kalt wird.

Und so können wir jetzt für alle Organe weitermachen. Es gilt immer dasselbe Prinzip: Herausforderungen und Ressourcen. Nur ein Organ, das immer mal wieder einen hormetischen Reiz bekommt, kann sich gut regenerieren. Dazu braucht es dann die richtigen Ressourcen (Nährstoffe, Zeit, Schlaf).

Die hormetischen Reize der fünf Doktoren wirken sich auf deinen GESAMTEN Körper aus. Denn wenn hormetische Schalter umgelegt werden, dann verbreitet sich das über das hormonelle System und das Nervensystem im gesamten Körper! Kälte, Hitze, Hunger, Durst, Erschöpfung, Atemveränderungen, hormetische Nährstoffe, alle haben einen Effekt auf deinen GESAMTEN Körper!

Bereit für deine erste Woche mit der Immunsignatur?

In dieser Woche machst du deine ersten Schritte mit der Immunsignatur. Diese Woche ist dazu da, dass du die fünf Doktoren und die ersten Methoden in der Praxis kennenlernst, mit denen du dich schon bald energievoller, frischer, klarer und gesünder fühlen wirst.

Die Methoden der fünf Doktoren folgen jeweils drei Prinzipien. Jeder der fünf Doktoren hat für dich in dieser Woche ein Prinzip ausgewählt und somit täglich eine Aufgabe für dich.

Als Anreiz kannst du Punkte sammeln. Pro Doktor kannst du entweder 10 oder 20 Punkte pro Tag erhalten. Du kannst also pro Tag maximal 100 Punkte sammeln. **Mit 100 Punkten am Tag hast du wirklich all deine Organe aufgeweckt!** Wie viele Punkte schaffst du in dieser Woche?

Die einzelnen Doktoren erklären dir jetzt, welches Prinzip sie für dich ausgewählt haben.

DR. ERNÄHRUNG

„Du willst also beginnen, dein Leben zu verändern? Du willst mehr Energie? Dann starte mit dem, was dir Energie gibt: deinem Essen. Ernährung ist heutzutage ziemlich kompliziert geworden. Früher war sie einfach (wenn auch nicht unbedingt leichter): Wir haben das gegessen, was die Natur für uns bereitgehalten hat – und für genau das, was die Natur bereithält, ist unser Energiestoffwechsel auch heute noch ausgelegt. Heute sind wir allerdings etwas aus dem Takt geraten.

Ernährung ist zwar hoch individuell, aber zum Glück gibt es allgemeingültige Konzepte, die jedem (erwachsenen) Menschen helfen, wieder zurück in den Takt zu finden.

Mein Prinzip für dich: **Proteine zu jeder Mahlzeit**

Proteine sind der wichtigste Baustoff für dein Immunsystem. Eine möglichst variantenreiche Proteinversorgung erhöht dein Energielevel und damit die Funktion des Immunsystems.

Einfache Regel: Nur Mahlzeiten mit Proteinen sind Mahlzeiten. Der Rest ist ein Snack. Stell sicher, dass du dich von Mahlzeiten ernährst und nicht von Snacks.

Dieses einfache Prinzip hast du erfüllt, wenn deine Mahlzeiten Proteine enthalten. Wenn du bei einem Hungergefühl zu Nudeln, Keksen, anderen Süßigkeiten, Obst oder einer Stulle greifst, zählt das als Snack. Snacks sind natürlich voll okay – solange sie exakt das sind: ein Snack – und als solcher im Rahmen bleiben."

Punkte

20 Punkte: maximal 2 Mahlzeiten (proteinhaltig), keine Snacks

10 Punkte: 3 Mahlzeiten (proteinhaltig), maximal 1 Snack

Halte dich an die proteinreichen Nahrungsmittel aus dieser Liste:

DR. BEWEGUNG

„Im Gegensatz zu unserem Lebensumfeld, das sich insbesondere in den letzten Jahrzehnten rasant weiterentwickelt hat, haben sich unsere Gene und unsere Zellen kaum verändert. Damit jede einzelne Zelle unseres Körpers optimal funktioniert, ist Bewegung nach wie vor unverzichtbar.

Durch Bewegung erzeugst du eine **Nachfrage** nach Energie in deinen Zellen – die Energie**produktion** wird gefordert und (Mikro-)Nährstoffe werden verstoffwechselt. Fast noch wichtiger: Du verhinderst einen Energie**stau** (Energie ohne Energiebedarf, der zu Störungen in der Energieproduktion führen kann).

Langer Rede kurzer Sinn: Von Bewegung profitieren gar nicht primär deine Muskeln, sondern **alle** Organe deines Körpers – auch das Immunsystem.

Sport ist optional. Bewegung nicht.

Mein wichtigstes Prinzip für dich: Starte den Tag mit Bewegung

Starte den Tag mit Bewegung! Kein Handy vorher, kein Frühstück vorher, kein Kaffee vorher. Wecke jede deiner Zellen auf. Gib ihnen was zu tun und verhindere den ersten Energiestau, indem du dich ZUERST bewegst und erst danach isst (wenn überhaupt).

Dieses Prinzip hast du bereits mit einer 5-minütigen Morgenroutine erfüllt, bei der du außer Atem kommst und zu schwitzen anfängst."

Punkte

20 Punkte: 10-minütige, morgendliche Bewegung

10 Punkte: 5-minütige, morgendliche Bewegung

Ideen für eine Morgenroutine

Dauer: 5 Minuten

Pausen: keine vorgegeben, ggf. beim Wechsel der Bewegungen

Bewegungsideen:

#1 Sonnengruß (Mobility/“Guten Morgen Gelenke“) – 2 Minuten.

Beschreibung: Stelle dich schulterbreit entspannt hin. Nimm dann mit der Einatmung deine Hände nach oben über Kopf und mach dich groß. Lass dann den Oberkörper und die Arme mit der Ausatmung nach vorne fallen, werde rund und lass die Arme zum Boden baumeln. Wiederhole diese Bewegung für insgesamt 2 Minuten.

#2 Power-Paar: Kniebeuge, Liegestütz halten (kraftbetont/“Weck deine Muskeln auf“) – 2 Minuten.

Beschreibung: Mache immer im Wechsel 5-10 Kniebeugen und begib dich direkt danach in die Liegestützposition und versuche, die Position für 10-20 Sekunden zu halten. Wiederhole diese beiden Bewegungen für insgesamt 2 Minuten.

#3 Schütteln (dynamische Bewegung/“Startschuss für dein Nervensystem“) – 1 Minute.

Beschreibung: Stelle dich schulterbreit entspannt hin. Fange an auf der Stelle auf und ab zu wippen und dich zu schütteln. Versuche, immer weiter loszulassen, bis alle Körperteile in Bewegung kommen. Mache diese Übung 1 Minute am Stück ohne Pause.

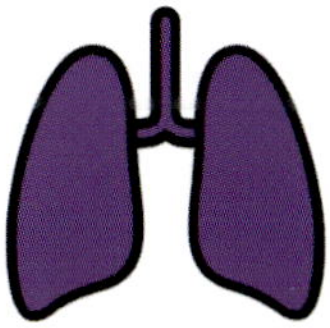

DR. ATMUNG

„Die Vorteile der Atmung sind nicht ganz so naheliegend, wie die meiner Kollegen Dr. Bewegung und Dr. Ernährung, doch sei dir gewiss, dass sie genauso wichtig ist.

Es ist kein Zufall, dass es Redensarten gibt, wie „Ich muss mal wieder an die frische Luft“ oder „Ich muss mal kurz verschnaufen“ oder „Ich krieg keine Luft“ oder „Bei dem Gedanken schnürt sich mir die Kehle zu“.

Das sind weniger Metaphern als die Beschreibung von konkret körperlichen Erlebnissen, die an bestimmte menschliche Erfahrungen geknüpft sind.

Das bedeutet im Umkehrschluss, dass diese Ausdrucksformen von bewusster Atmung auch erlebbare, physiologische Effekte auf unseren Körper und unsere Wahrnehmung haben.

Nicht umsonst spielt die Atmung in allen medizinischen Systemen der Antike und Neuzeit eine Rolle: „Prana“ heißt es im Sanskrit, „Pneuma“ in den alten griechischen Medizintexten, „Atemregulationstraining“ nennt es die moderne Medizin. Alle sind sich einig: In der Atmung liegt ein mächtiger Hebel zur Lebensstiloptimierung.

Warum ist das so? Nun, ein Großteil aller Vorgänge in unserem Körper laufen autonom ab. Unser Herzschlag, die Verdauung, Immunregulation. Auch unsere Atmung. Wir müssen nicht aktiv darüber nachdenken, unsere Atmung zu steuern. Aber wir können uns ans Steuer setzen und sie bewusst regulieren. Das eröffnet uns die Möglichkeit, über die Atmung auch Einfluss auf andere unbewusste Körperfunktionen zu nehmen, wie zum Beispiel den Zustand unseres autonomen Nervensystems, unseren Blutdruck, unsere Temperaturregulation und – das zeigt modernste Forschung – auch unser Immunsystem.

Mein Prinzip für dich: Aufmerksamkeit am Morgen

Wir sind den ganzen Tag zahllosen Reizen ausgesetzt, auf die unser Körper unterbewusst reagiert. Diese nehmen wir nur selten wahr.

Im bewussten Atmen (nicht mal mit einer besonderen Technik, sondern einfach mit bewussten, tiefen Atemzügen) liegt das Potential, einige dieser Wahrnehmungszustände wiederzuentdecken und ihrer bewusster zu werden.

Dadurch fällt es uns leichter, mit gewissen (vor allem unterbewusst bzw. subtil negativen) Situationen des Lebens umzugehen. Viele Anwender der Atemtechniken berichten, dass Atemtechniken wie ein Cheatcode sind, mit dem man das Spiel des Lebens plötzlich auf einer leichteren Schwierigkeitsstufe spielt.

Dieses Prinzip hast du erfüllt, wenn du morgens direkt nach dem Aufstehen für mindestens fünf Minuten stillsitzt oder liegst, dabei tieeeef atmest (3 Sekunden ein, 6 Sekunden aus) und beobachtest, was in dir los ist. Oder wie Qui-Gon Jinn sagte: „Nicht denken, fühlen."

Punkte

20 Punkte: 10-minütige, morgendliche Aufmerksamkeitsübung

10 Punkte: 5-minütige, morgendliche Aufmerksamkeitsübung

Es dauert etwa 30 Tage bis ein neues, ungewohntes Verhalten zu anatomischen Veränderungen im Gehirn führt und damit zu einem gewohnten Verhalten, einer Angewohnheit, wird. Auch die neuroanatomischen Bahnen der Aufmerksamkeit formen sich mit täglicher Übung.

Das ist genauso wie ein frischer Pfad in einem Kornfeld. Beim ersten Marsch ist der Weg beschwerlich. Wenn man ihn täglich beschreitet, dann wird ein echter Weg daraus und es wird immer einfacher, diesen Pfad zu nehmen.

Um neue Angewohnheiten zu verankern, brauchen wir:

1) REMINDER: einen täglichen Anker für die neue Angewohnheit. Deshalb entscheide dich JETZT, wann du am Tag die „Aufmerksamkeit am Morgen" absolvieren willst. „Kopple" diese 5-10 Minuten mit einer täglichen Routine, die du sowieso schon machst. Zum Beispiel „direkt nach dem Zähneputzen" oder „sofort nach dem Aufstehen".

2) ROUTINE: die tägliche Routine. Stell dir JETZT einen täglichen Wecker oder eine Kalendererinnerung für die nächsten sieben Tage. Verspreche dir selber, dass du dir 7x5-10 Minuten erlaubst, gönnst und SCHENKST, damit du mehr Kontrolle über deine Aufmerksamkeit erlangst.

3) REWARD: die tägliche Belohnung. Sei stolz auf dich, dass du dir diese täglichen 5-10 Minuten für mehr KLARHEIT deines Geistes widmest. Klopf dir wirklich physisch auf die Schulter, nachdem du die fünf Minuten absolviert hast. Und erkenne auch in deinem Alltag die Vorteile deiner täglichen Routine. Der Stolz verankert die tägliche Routine zu einer intuitiven Angewohnheit.

DR. KÄLTE

„Ich werde oft missverstanden. Leute haben Angst vor mir. Sie haben Angst sich zu erkälten. Kälte mit Erkältung zu assoziieren, ist allerdings ungefähr so, wie Sauna mit Verbrennungen gleichzusetzen: Kokolores.

Der Mensch und die Kälte haben schon immer koexistiert und wir haben effektive Systeme für Temperaturregulation entwickelt, die auch andere Funktionen im Körper übernehmen.

Kälte als hormetischer Reiz zählt zu den absoluten Basics für die Gesundheit deiner Zellen. Und im Grunde ist das auch nichts Überraschendes! Wir wissen doch zum Beispiel, dass Eisbäder in Finnland oder Russland ganz normal sind. Wir wissen auch (spätestens seit Per Mertesackers Interview), dass sich Sportler nach extremen Anstrengungen in die Eistonne setzen, um zu regenerieren. Und sogar hier in Deutschland kennen die älteren Generationen wahrscheinlich noch das Kneippsche Wassertreten.

Aber heute selber unter die kalte Dusche steigen? Brrr... das steht auf einem anderen Blatt – bis jetzt. Denn das hat nun ein Ende.

Mein wichtigstes Prinzip: Kälte am Morgen

Es hat große Vorteile, wenn du dich regelmäßig der Kälte aussetzt, egal wie lange. Am effektivsten ist die eiskalte Dusche direkt nach dem Aufstehen oder wenn du die Chance hat: der Sprung in einen See. Das macht dich wach und bringt deinen Körper direkt auf Kurs für einen energiegeladenen Tag.

Dieses einfache Prinzip hast du erfüllt, wenn du morgens kurz Kontakt mit der Kälte hattest – und im Idealfall auch den Kopf unters Wasser gehalten hast."

Punkte

20 Punkte: mindestens 1-minütige, eiskalte Ganzkörper-Dusche, fang mit den Füßen an und taste dich hoch

10 Punkte: barfuß auf der Wiese mit Morgentau spazieren oder den Kopf unter den kalten Wasserhahn halten oder kaltes Abduschen des Unterkörpers

DR. SCHLAF

„Jeder weiß, wie wichtig Schlaf ist. Deshalb hört mir ja schon fast keiner mehr zu. Aber wie schlecht es uns tatsächlich geht, wenn wir keinen hochqualitativen Schlaf kriegen, merken wir meistens erst, wenn wir – teils nach Jahren – endlich mal wieder gut geschlafen haben.

Aber wie gesagt: die Frage ist nicht, ob Schlaf wichtig ist. Die Frage ist, warum räumen wir unserer Schlafqualität so wenig Priorität ein und wachen Morgen für morgen auf wie gerädert? Und noch wichtiger: wie kriegen wir das wieder in den Griff?

Mein wichtigstes Prinzip für dich: Dunkelheit am Abend

Sonnenlicht (spezieller eine bestimmte Blaulichtfrequenz) weckt deine Zellen morgens auf. Dieses blaue Licht verschwindet natürlicherweise, wenn die Sonne abends untergeht – was dir aber wenig bringt, wenn du auch nach Sonnenuntergang auf ungefilterte Smartphone-, Laptop- oder Fernsehbildschirme starrst.

Ab 90 Minuten vor dem Schlafengehen solltest du das blaue Licht deiner Technikgeräte mit einer Brille oder einem Bildschirmschutz filtern. Die Blaulichtfilter deiner Technikgeräte (z.B. Night Shift oder Nachtlicht) sind gut – Hardware, wie Brillen, sind noch besser. Nachts solltest du darauf achten, dass du dein Zimmer vollständig abdunkelst.

Dieses einfache Prinzip hast du erfüllt, wenn du nach Sonnenuntergang konsequent eine Blaulichtfilterbrille trägst (Puristen können natürlich voll auf künstliches Licht verzichten und auf Kerzen umsteigen)."

Punkte

20 Punkte: Abends ab 21 Uhr nur noch Kerzenschein und keine elektronischen Geräte mehr nutzen

10 Punkte: Abends beim Fernsehen / Handynutzung eine Blaulichtfilterbrille tragen

Dein Resümee

Wie viele Punkte konntest du in dieser Woche sammeln?

Was nimmst du aus den letzten 7 Tagen für dich mit?

Wie geht es dir heute im Vergleich zum Wochenstart?

Du willst mehr? Du willst tiefer in den Immunsignaturprozess einsteigen? Du willst die weiteren Prinzipien der fünf Doktoren kennenlernen, mehr Übungen, Rezepte und Videos?

Dazu einfach den QR-Code scannen und kostenfrei mit dem Onlineprogramm „Wecke deine Organe auf!“ beginnen. Werde lebendig! Wir wünschen dir viel Spaß dabei!

Zwei Rezepte findest du auch auf den nächsten Seiten.

(Sollte dies nicht funktionieren kannst du auch auf https://immunsignatur.de/buch weitermachen)

Garnelen-Kokos-Curry

Zutaten für 4 Personen

700 g rohe Garnelen (geschält; frisch oder TK)

2 TL Gemüsebrühe

3 mittelgroße Zwiebeln

2-3 Knoblauchzehen

1 rote Chilischote

3 EL Olivenöl

2 EL Currypulver

1 Dose Kokosmilch (400ml)

1 Stange Zitronengras

1 großes Bund Lauchzwiebeln

1-2 TL Zitronensaft

einige Blätter Koriandergrün

Salz, Pfeffer

Zubereitung

Evtl. Garnelen auftauen lassen. Insgesamt 1/2 l Wasser mit Brühe aufkochen. Garnelen waschen und darin in 3 Portionen jeweils 1-2 Minuten köcheln. Herausheben. Brühe und Garnelen beiseitestellen.

Zwiebeln und Knoblauch schälen und fein würfeln. Chilischote längs aufschneiden, entkernen, waschen und hacken. Alles in heißem Öl andünsten. Curry, Brühe und Kokosmilch einrühren und aufkochen.

Mit Salz und Pfeffer würzen.

Zitronengras putzen, längs halbieren und in die Kokos-Curry-Pfanne geben. Zugedeckt bei schwacher Hitze ca. 10 Minuten köcheln lassen, dabei ab und zu umrühren.

Lauchzwiebeln putzen, waschen und fein schneiden. Zitronengras herausnehmen. Garnelen und Lauchzwiebeln in der Kokos-Curry-Pfanne erhitzen. Abschmecken. Koriander waschen, abzupfen, darüberstreuen.

Gemüse-Hackfleisch-Pfanne

Zutaten für 1 Person

125 g Hackfleisch

100 g Champignons

1 Paprikaschote

1 große Möhre

1 kleine Zucchini

1 Zwiebel & 1 Knoblauchzehe

20 ml Sojasauce

1 EL Olivenöl

Salz, Pfeffer

Zubereitung

Zwiebel & Knoblauch abziehen und fein hacken.

Paprika entkernen und in mundgerechte Stücke schneiden. Champignons je nach Größe halbieren oder vierteln. Möhre schälen und in dünne Scheiben schneiden. Zucchini längs Vierteln und in ca. 1 Zentimeter dicke Stücke schneiden.

Eine große Pfanne mit einem Schuss Öl erhitzen.

Zwiebeln und Knoblauch für 2 – 3 Minuten bei mittlerer Hitze in der Pfanne glasig anschwitzen, dabei gelegentlich Wenden.

Als Nächstes die Hitze etwas erhöhen, das Hackfleisch dazugeben und für weitere 5 – 6 Minuten krümelig anbraten, dabei gelegentlich wenden. Das fertige Hackfleisch aus der Pfanne heben und zur Seite stellen.

Anschließend erneut einen guten Schuss Öl in die Pfanne geben und das vorbereitete Gemüse darin weitere 5 – 6 Minuten anbraten, bis alles gar ist, aber noch genug Biss hat.

Zum Schluss das Hackfleisch zurück in die Pfanne geben, außerdem einen guten Schuss Sojasauce dazugeben, alles einmal gut umrühren und danach auf tiefen Tellern verteilen.

Le Fin